重庆市出版专项资金资助

国非物质文化遗产通识读本

中国汉族传统节日

宋兆麟 著

重庆出版集团 重庆出版社

图书在版编目(CIP)数据

中国汉族传统节日 / 宋兆麟著 . 一重庆 : 重庆出版社,
2019.4（2024.1重印）
ISBN 978-7-229-13973-5

Ⅰ.①中⋯　Ⅱ.①宋⋯　Ⅲ.①汉族—民族节日—中
国—普及读物　Ⅳ.①K892.1-49

中国版本图书馆CIP数据核字(2019)第189746号

中国汉族传统节日
ZHONGGUO HANZU CHUANTONG JIERI
宋兆麟　著

丛书主编:王海霞　徐艺乙
丛书副主编:邰高娣
丛书策划:郭玉洁
责任编辑:肖化化　李云伟
责任校对:杨　婧
装帧设计:王芳甜

重庆出版集团
　　　　　重庆出版社 出版
重庆市南岸区南滨路162号1幢　邮政编码:400061　http://www.cqph.com
重庆出版集团艺术设计有限公司制版
三河市南阳印刷有限公司印刷
重庆出版集团图书发行有限公司发行
E-MAIL:fxchu@cqph.com　邮购电话:023-61520646

全国新华书店经销

开本:710mm×1000mm　1/16　印张:8.25　字数:120千
2021 年 6 月第 1 版　2024 年 1 月第 2 次印刷
ISBN 978-7-229-13973-5
定价:48.00元

如有印装质量问题,请向本集团图书发行有限公司调换:023-61520678

前 言

　　中华民族的祖先，总是在一天复一天地劳作，一月复一月地生活，当时"山中无历日，寒暑不知年"。随着人类历史的进步，文化的积累，才在一定时间内有一定停歇，那是根据天时地利的变化，生产斗争的转折，或者根据重要历史人物的功绩、宗教理念的变迁，人们才在那段停歇的日子里，改善生活，举行祭祀和娱乐活动，调节生活，以利再战，从而产生了节庆活动。这些节庆是有规律的，"两月一大节，一月一小节"。

　　中国是一个文明古国，历史文化遗产极其丰富，其中就包括节日文化。节日是最富于人情味的民间文化，深深扎根于民众之中，源远流长，人见人爱，是非物质文化的亮点。我国的节日文化，实际上有三大块：一块是古代节日，一块是汉族的节日，一块是少数民族的节日。民谚说："百里不同风，千里不同俗"。每块又因地理条件、民族成分不同，又有各式各样的节日活动。其中的汉族节日，现包括大量的古代节日，又包括近现代民俗节日，也涉及到对周围少数民族节日的影响。所以，提到汉族节日，能将以上三大块节日联系起来，可以看到汉族节日的发生、发展脉络，以及其在民族地区的传播。

　　节日有旺盛的生命力，尽管当前的世界经济一体化和中国社会转型对节日有巨大冲击，但节日仍然有着巨大的魅力，吸引着中华儿女的心。以春节来说，不管你走到哪里，路途有多么遥远，分散在各地的游子都要克服各种艰难险阻，回到家乡与骨肉团聚，吃春节年夜饭，这种节日的团聚或向心心理，迄今还顽强地存在着，支配着人们的行为。

　　各种节日不仅是一种简单的骨肉团聚，它们还包括许多历史文化内涵，其中包括人们对若干历史人物的缅怀，节日中的饮食、服饰也表达了人们的某种愿望，节日期间有不少生动活泼的文化娱乐活动，表达了人们在同自然界斗争中间歇时的欢乐；节日中的宗教仪式，反映了人们对未来生活的美好渴望……总之，节日涉及生产斗争、衣食住行、人生礼俗、天气气象、文化娱乐、科学发明、宗教信仰等内容，所以节日是一项综合性的文化堆积，是中华民族的重要历史文化遗产。

严格地讲，文化包括两种形式：物质文化和非物质文化，前者看得见，摸得着，是物态的文化，变成古代或近代文物；后者虽然看得见，但是一现即逝，不能变成物质文化，而是一种非物质文化。两者比较起来，前者好把握，又是整个文化的载体。中国古代文化，目前多以物质文化形态保存下来，称为"文物"，不过，研究文物也必然研究与文物有关的非物质文化，如玉之巫性、青铜的铸造技艺、服饰的等级等等，但有些领域保留的文物较少，仅靠文物进行研究有很多困难，如节日、生肖、歌舞、民俗、纹饰等，这是我们应该大力抓的。这是我们要编写这本书的主要原因。

说到汉族的节日是很多的，有些已经消失在历史的长河中，如正月初七的人胜节、正月初三的上巳节等，因此本书未加介绍；有些节日虽然还残存，但不太流行，如四月八日浴佛节、六月六天祝节、十月十五下元节等，也未有具体介绍；其他节日至今还相当流行，是城乡民众生活中的大事，所以是本书介绍的重点。与此同时，二十四节气中有些节气已经变成人们生活中的重要节日，在社会生活中起着重要的"农事历"的作用，如立春、夏至、清明，等等，我们也把它们写入本书之中。

本书还具有一些鲜明的特点：首先，它没有运用大量的文字，而是利用比较少的文字，简明扼要地介绍了汉族地区的主要节日活动。其次，为了通俗易懂，还运用了不少古代的插图，这应该是本书的特点之一。郑樵在《通志》中说："图，经也；书，纬也，一经一纬，相错而成文。"也就是说，本书是文图结合，亦文亦图，互为补充，它既能表达节日文化的内容，又可再现某些非物质文化，能够大大补充历史文献记载的不足。这些特点使本书具有较大的魅力，使读者有较浓厚的阅读兴趣。

目录 CONTENTS

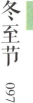

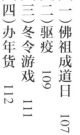

春节

CHUNJIE

过年，又称春节。

除夕是一年最末的一天，又称年三十、除夜、岁除。这是中国最重大的传统节日之一。《东京梦华录》卷十："近岁节，市井皆印卖门神、钟馗、桃板、桃符及财门钝驴、回头鹿马、天行帖子。卖干茄瓠、马牙菜、胶牙饧之类，以备除夜之用。"农历正月初一为春节的开始，或称元旦。这是一年中的第一天，故又称元日、元辰、端日。近代使用公历后，将公历的一月一日称为新年，定为元旦，而称农历的正月初一为春节。但是春节不仅这一天，而是若干时日，一般都到初五，有的地方要过到正月十五，甚至到正月底，活动也极其丰富。春节包括守岁、迎年、拜年、压岁钱、冰戏等。

（一）守岁

除夕之夜，合家点灯熬夜，辞旧岁，迎新年，整夜不眠，俗称守岁。《帝京景物略》卷二："三十日，五更又焚香椿送画，送玉皇上界矣，迎新灶君下界矣。插芝麻秸于门檐窗台，曰藏鬼秸中，不乏出也。门窗红纸葫芦，曰收瘟鬼。夜以松柏枝杂柴燎院中，曰烧红盆，煜岁也。悬先之影像，祀以狮仙斗糖，麻花馓枝，染五色苇架竹罩，陈之，家长幼举拜，已各自拜，曰辞岁。已

古装儿童戏竹马　浙江丽水

聚坐食饮，曰守岁。"

　　守岁有许多活动。一方面是饮食，如吃饭、吃水饺、吃年糕、吃瓜果、饮酒等。《中华风俗志》下篇卷三："是日，无论贫富贵贱，皆以白面作角而食之，谓之煮饽饽，举国皆然，无不同也。富贵之家，略以金银小锞及宝石等藏小饽饽中，已卜顺利。家人食得者，则终岁大吉。"另一方面进行各种游戏。由于除夕是晚上，游戏多在室内，古代已有多种，如：博戏、双陆、围棋、象棋、纸牌、玩拐、骰子、骨牌、麻将、升官图等。天没黑时，小孩多骑竹马、玩陀螺、老鹰抓小鸡、瞎子摸人及看走索、杂耍等等。在守岁时还有一种藏钩游戏，又名藏驱。全家男女老少分为两组，找出一个钩子或戒指、扳指、顶针，由一方藏，另一方寻找，以找到为胜，祈求新年顺利。《燕京杂咏注》："除夕，以瓢置釜中，视柄所向，往听人言，以卜吉凶，名'瓢儿卜'。又有'走三桥，百病全消'之谚。摸城门钉为宜男。"这些是除夕的迷信游戏。临近午夜，家长根据当年太岁所在方向，设供桌，烧香上供，迎接喜神，从而把除夕活动推向高潮。严格地讲，民间迎喜神已是正月初一了。此后才在家内拜年，吃饺子。儿童则放鞭炮，点花灯，号称"村社迎年"。

除夕活动有两个目的：一是祈求新年丰收。江苏有"画米囤"风俗，即在户外，用编孔小蒲包袋，内贮石灰，囤外打印成元宝、矢戟诸形，以求财产。山东德州农民在除夕要提灯入麦田，把灯放在地头，人在地的另一头趴下，看麦苗长势，以定丰收、歉收。另一个目的是求子。如山东鄄城过除夕时，要扫院子，把水缸盛满，在院内放好芝麻秆，并唱"撒岁歌"："东撒岁，西撒岁。儿成双，女成对。白妮胖小，都往家里跑。"由此看出，祈求农业丰收、人丁兴旺是除夕节的目的，这些风俗与年画、剪纸、春联等反映的内容是一致的，都说明人类为了自己的生存，必须祈求物质生产的丰收，人类自身的繁衍。

合家欢乐 庆贺新年 年画 天津杨柳青

(二）迎年

迎新年的活动，早在腊八后就筹备了，如买年货、写对联、做年糕等。无论过节还是喜庆，都祈求富贵平安、亲人团聚。春节更不例外，外出者纷纷归来，家家户户要吃团圆饭，饮屠苏酒，以示家庭团结，和睦相亲。

春节时必须祭祖，缅怀自己的祖先，激励后人。正月初一要把祖先牌位

祭祖白挂笺　吴景明　吉林通化　满族

供在正厅，或者挂有象征祖先的"神马"剪纸，摆上供品、蜡烛、香等物。除在中堂、祠堂祭祖外，也有上坟祭祖的，俗称墓祭，主要是在坟地烧香、上供、叩拜。近代一般都是到亲人的墓地祭拜。

祭祖以后，根据历书所示吉利方向，点燃灯笼，奉香鸣爆竹，开门出行，摆上供品，迎接喜神。接着人们向喜神方向走去，遇庙烧香叩拜，祈求一年的吉利。为喜神设的供品多为甜料——红枣、冬瓜、花生、糖果等。由于春节是大吉大利的日子，古代地方官又多向皇帝献媚，所谓"灵草嘉禾"就是一例。民间还有春节插芝麻秆的习俗。明田汝成《西湖游览志余》卷二有云："正月朔日，插芝麻梗于檐头，谓之节节高。""签柏枝以柿饼，以大橘承之，谓之'百事大吉'。"

过春节要放爆竹。爆竹有悠久的历史，原来以竹节置火中烧烤而爆出巨响，用于驱鬼辟邪。汉东方朔《神异经·西荒经》："西方深山中，有人焉，

过年放鞭炮　泥塑　天津泥人张　逯彤作

身长尺余，袒身捕虾蟹，性不畏人，见人止宿，暮依其火，以炙虾蟹，伺人不在而盗以食虾蟹，名曰山臊。其音自叫，人尝以竹着火中，爆烞而出，臊皆惊惮，犯之令人寒热。"爆竹种类很多，有单响、双响、金钺炮、三脚炮、二踢脚、多响爆竹、大龙炮、水鸳鸯、老鼠炮、冲天炮等等。清百一居士《壶天录》卷上："京师人烟稠密，甲于天下。富家竞购千竿爆竹，付之一炬，贫乏家即食维艰，索逋孔亟，亦必爆赛数声，香焚一炷，除旧年之琐琐，卜来岁之蒸蒸，此习尚类然也。"由此看出，爆竹起源于辟邪驱鬼，后来又增加了除旧年、卜来岁等巫术意义，甚至成为祈求平安的象征。

（三）拜年

春节最突出的特点之一是拜年，又称走春、探春。过去如果主人亲戚朋友多，拜不过来，就由仆人送名片，或送福字，这是上层社会拜年"泛爱不专"的反映。明陆容《菽园杂记》卷五："京师元旦后，上自朝官，下至庶人，往来交错。道路者连日，谓之'拜年'。然士庶人各拜其亲友，多出实心。朝官往来，则多泛爱不专。"在拜年时，受拜之人往往给晚辈压岁钱。

民间拜年对上层社会也有一定影响。在明清时期宫廷内也流行团拜。《点石斋画报》中的清朝官府新年团拜图就是上述官场活动的记录。此活动至今仍在民间流行。

拜年是除夕的重要活动，其中有两项：一种是向诸神、祖先叩拜。除夕傍晚，把家谱、祖先像挂出来，摆好香炉、供桌，黄昏后祭祖。与此同时，也向天神、土地神叩拜，有的地方还请玉皇大帝、王母娘娘。供品有羊、五菜、五色点心、五碗饭、一对枣糕、一张大馍，俗称"天地供"。由家长主祭，烧三炷香，叩拜后，祈求丰收，最后烧纸，俗称"送钱粮"。此外，苏南地区

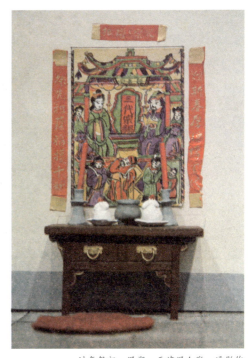

过年祭祖　泥塑　天津泥人张　逯彤作

在除夕有祭井神、祭床公床母仪式，其他地区则接灶神。以上祭神不仅是谢神，也是人们在除夕时对神的叩拜，具有拜年的性质。浙江临安有一种大猪会，即把供神的猪都抬到神前，看谁的猪大，然后请屠夫杀之，猪肉归己，猪头敬神。

另一种是向活着的长辈拜年。一般是在年夜饭后，全家都在，小辈向老辈叩拜，老辈给晚辈压岁钱，并加以教诲、鼓励。《燕京岁时记》："以彩绳穿钱编作龙形，置于床脚，谓之'压岁钱'。尊长之赐小儿者，亦谓之'压岁钱'。"

（四）春节活动

在湖南、江西交界的万石山地区，初一要到井里打水，沏茶上香，过敬水节。初二依例拜年，又是出嫁女儿的归宁日，与双亲、兄弟姐妹团聚，叙骨肉之情。但当天最突出的活动是迎财神。北京的五显庙曾是当天人们必祀之地。民国汤用彬《旧都文物略·杂事略》："新年之二日，则于广宁门外五显庙祈财神，争烧头一炷香。倾城男妇，均于半夜候城趋出，借元宝而归。元宝为纸制，每出若干钱，则向庙中易元宝一二对，不曰'买'，而曰'借'。归则供之灶中，更饰以各色纸制之彩胜，盖取一年之吉兆也。"每家每户粘贴招财进宝画。有些地方还进行跳灶活动。晚上家家户户放灯。

初二还是一个有趣的日子，浙江宁波地区又称为财

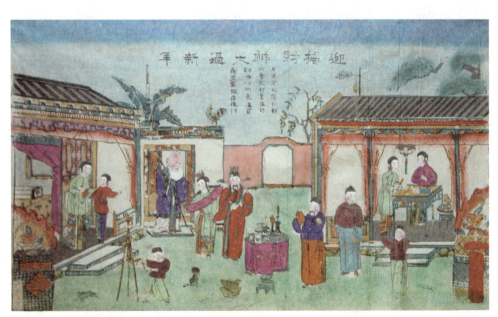

迎接财神大过新年　年画　天津杨柳青

神节，人人要沐浴更衣，在房内供奉关公和财神像，以丰硕供品献之，且喝财神酒。

初三也有不少活动。杭州地区宅旁有井的人家，早晨拿香烛、素菜供于井栏，并将井上除夕时所封的红纸揭去，名曰"开井"。台湾居民认为初三为小年，又是"赤狗日"，一般不出门，不请客。当地民间传说初三晚上是老鼠结婚日，所以深夜不点灯，在地上撒米、盐，人要早上床，不影响老鼠的喜事。从表面看来，这是庆祝老鼠娶亲，祈求老鼠子孙繁衍。其实恰恰相反，它是利用老鼠嫁女的巫术，把老鼠送出去，以免老鼠在家为非作歹。本来老鼠是害人的，平时人们以捕鼠为要事，此时忌鼠则是民间认为通过这些活动可以防止鼠害。

老鼠娶亲　剪纸　山东高密　范祚信作

五路财神叫门　年画　天津杨柳青

　　初四是迎神日。诸神要下凡，但接神必须在午后。供品有香、食品、水果，放爆竹，烧神马、天兵，象征请神。然后诸神骑神马下凡。

　　初五为"破五"。清震钧《天咫偶闻》卷十："正月元日至五日，俗称'破五'。旧例食水饺子五日，北方名煮饽饽，今则或食三日二日，或间日一食。"破五以后就可以正式炊煮了，人们也可以往外倒垃圾了，民间称"倒残土"。初五也是撒供品的日子，人们根据天气晴阴判断年内牲畜安全与否。初五是五路财神的生日，商店都祭祀利市仙官，开市大吉，在招幌上挂红布。

初六为送穷日，送穷是重要的节日活动，唐代诗人姚合有一首《晦日送穷三首》，其中一首曰：

年年到此日，沥酒拜街中。

万户千家看，无人不送穷。

豫西地区正月初五送穷，由家长主持，把自初一堆积的垃圾送往村外，口中要念叨："穷、穷、穷，你走吧，俺家没钱难打发！"并从麦田中抓几把土，撒到院内，称"迎富贵"。

有的地方还开始清理厕所。

台湾汉族过"清水祖师诞"，该祖师为宋代人。

初七，为人日或人胜节。

初八也是一个重要的日子。民间信仰认为每人有一个星宿值年，一年的命运，都操在该星之手。初八群星聚会，因此要拜星君。晚上点灯、上供，然后散花灯。湖南、湖北地区视初八为"谷日"。北京的居民都习惯到白云观参拜星君。逛庙会时，观花会，购玩具，买节日食品，市场上的糖葫芦是儿童必购的食品。有些地方还在初八踏青。在内蒙古、山西等地则称初八为敬八仙节。

初九为玉帝诞辰。玉帝又名天公、天公祖、昊天上帝、玉皇、元始天尊，为道教的最高神。所以初九要祭天公，此日讲究和气，不能冒犯天神。

初十，河南为"石头过生日"，必祭拜石头，为孩子认"石父"。广西岑溪地区则过花灯节。

此外，正月十一，河南宝丰过马街会；十二日，山东惠民过胡集书会；十三日，安徽繁昌过六龙会；十四日，浙江绍兴流行白虎祭；正月二十五为填仓节，流行祭祀仓神。

春节期间既是祭神日，又是一个娱乐活动最多的日子。古代流行的玩具和游戏很多，如百戏、六博、投壶、猴

正月挂红灯　剪纸　陕西安塞　侯雪昭作

葫芦问 年画

戏、鱼戏、高跷、弄丸、踢球、木偶戏、打陀螺、骑竹
马、老鹰抓小鸡、藏钩戏、杂技、玩纸牌，近代还有投
骰子、推牌九、麻将牌、四色牌、掷小遥儿、升官图、
卧游山湖、葫芦问等。春节在少数民族中也极为流行，
如满族、朝鲜族、鄂伦春族、鄂温克族、回族、东乡
族、土族、裕固族、锡伯族、彝族、白族、哈尼族、傈
僳族、佤族、拉祜族、纳西族、景颇族、阿昌族、普米
族、怒族、苗族、布依族、壮族、侗族、水族、仡佬
族、仫佬族、瑶族、毛南族、京族、黎族、畲族都过春

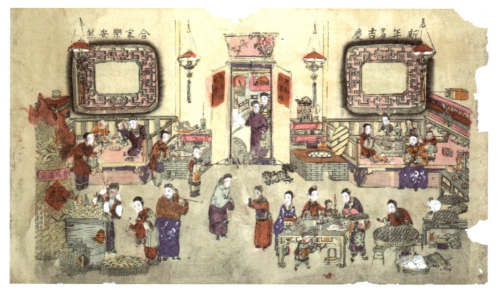

新年多吉庆、合家乐安然　年画　天津杨柳青

节，但汉族春节已与各民族习俗结合，每个民族又有自己的春节特点。

　　纵观春节活动，都是辞旧迎新，祈求更美好的生活，包括人丁兴旺、五谷丰登。

　　腊月是北方从事冰戏的月份。冰上游戏较多，在城乡广为流行。主要有滑冰，一般都穿着冰鞋，有速滑，也有花样滑冰，甚至在冰上进行杂技表演。过去清宫廷也常常举行冰戏游艺活动，在北京"三海"（北海、中海、南海）还举办冰球运动，称为训练清兵的场地。一般居民则玩冰车，又称冰床，可单人滑，也可双人滑，或者多人坐在冰床上，由人力或狗牵引。此外还有打雪仗、堆雪人。

元宵节

YUANXIAOJIE

元宵节，又名上元节、元夕节、灯节。秦始皇名政，因避讳，又称端月十五。该日为满月，即"望"日，象征团圆、美满。

关于元宵节的来源，有许多传说。

一种传说认为：古代的天鹅降于人间，被猎人射伤。玉皇大帝替天鹅报仇，在正月十五日派天兵天将下凡，想把人畜全部烧死。仙人认为不妥，冒着生命危险，告诉百姓。人们在正月十五前后，户户挂红灯，放火花、火炮，装出已经起火的样子，骗过了玉皇，人间才避免了一场灾难。

另一种传说认为：汉武帝时期，宫女元宵正月十五不能在双亲面前尽孝，欲投井自缢。东方朔为成全宫女，散布正月十六火神君奉玉帝旨意，要火烧长安的流言。武帝寻求解救之法，东方朔说火神君最爱吃汤圆，挂红灯，鼓动皇帝、后妃、文武百官上街观灯火，可以避灾。武帝这样办了，宫女们元宵才有机会回家团聚。

闽南地区还有一种传说：天上有一个状元天神下凡，他是一个孩童，也喜欢全体孩子打灯火、游戏，把黑夜变成白天，于是形成了元宵节。

以上传说均不足为信。元宵节的起源很古老，可能

三元天官　神马画　山西

源于远古人类在过节时以火把驱邪的习俗。这个节还要祭祀天神或太一神。《史记·乐书》："汉家常以正月上辛祠太一甘泉，以昏时夜祀，至明而终。"由于是夜里进行，自然要打着火把，后来演变为元宵节。东汉时期佛教传入，统治阶级提倡在上元之夜"燃灯敬佛"，元宵节又有了新的含义。因为道教有"三元"之说，三官大帝中的上元天官、火官就是在正月十五诞生的，所以元宵节又名上元节。山东民间正月十五要举行火神祭，当来源于此。

（一）祭太一神

元宵节原是一种宗教性的节日，主祭祀太一神。明郎瑛《七修类稿·元宵灯》："上元张灯，诸书皆以为沿汉祀太

乙，自昏至明，今其遗事。"所谓太一神就是太乙神，又称天神。道教称太乙真君。由于天神是三官大帝之一，又演变为祭三官大帝，正月十五是天官大帝的生日，自然主祭天官大帝了。此外也祭祀其他神。

一是祭门神。《荆楚岁时记》："今州里风俗，正月望日祀门，其法以杨枝插门而祭之。"

二是祭床神。床神，又名床公、床母。清顾禄《清嘉录》："杭俗祭床神以上元之后一日，品用煎饼。"

三是祭紫姑神。紫姑神也称厕神、坑三姑娘。民间流行正月十五在厕中祭祀。南朝宋刘敬叔《异苑》："紫姑

床公床母　神马画　北京

本人家妾，为大夫所妒，正月十五感激而死，故世人作其形迎之。咒云：子胥不在，曹夫人已行，小姑可出。于厕边或猪栏边迎之。"山东有一种"拉七姐"活动，就是祭祀紫姑的仪式。紫姑的偶像有三种形式：一种是草扎的，另一种是用扫帚穿衣，第三种是紫姑画像。祭祀紫姑是妇女的专职，目的是占卜、求吉、祈求蚕业丰收。

元宵节之所以掌灯点火把，乃起源于以火打鬼之意。《福建通志》引《连城县志》："自正月初三至十五日止。巴中朱裳鬼脸，仿古礼以为傩。"在江南还有一种铜鼓驱疫，这是大傩在地方的一种反映。

打鬼是驱疫求吉，但这不是元宵节的唯一巫术活动，还有"走百病"。清康熙《大兴县志》："元宵前后，赏灯夜饮，金吾梦池。民间击太平鼓，走百索，妇女结伴游行过津桥，曰：'走百病'。"四川成都有元宵走城墙风俗。东北有些地区妇女在地上打滚，认为可把晦气脱掉。古代还有一种"偷日"活动，也是一种破财求吉的戏乐。

此外，有些地方还流行"上元登高"，实为一种春游活动，认为这样可呼吸新鲜空气，有助于健身去病。

(二) 灯火

中国不少节日有观灯活动，但以元宵节为最。一般从十三日"上灯"开始，十四日为"试灯"，十五日为"正灯"，十八日为"落灯"。中国灯具有悠久的历史，但是在应用青铜以后，才出现了各种美丽的灯具。先是以宫灯为最华丽，如信阳宫灯，后来才出现了节日的花灯。隋代时期灯节极盛，唐魏征《隋书·音乐志》："每当正月，万国来朝，留至十五日，于端门外建国门内，绵亘八里，列为戏场，百官起栅夹路，从昏至旦，以从观之，至晦而罢。"到了南宋还增加了灯谜。

明代灯火也极为流行。如秦淮河一次放灯就有一万多只。清代的京师放灯最为壮观，还举行赛灯活动，其中以龙灯最为驰名。京城还有著名的灯市，称"独龙戏水"。各地的灯火也各有千秋，地方特色突出。

后来在各地还出现一些花会，如北京正月十五的花会组织甚多，各有绝招。广州花市亦很盛行，还有舞狮会、高跷会、腰鼓会、小车会、竹马会、玩傀儡戏、扛相官等。山西宁乡有一种山灯会，在山上点燃万只灯，以示庆祝。

万眼箩彩灯　河南开封　张俊丽作

吉庆有余　灯彩　江苏南京

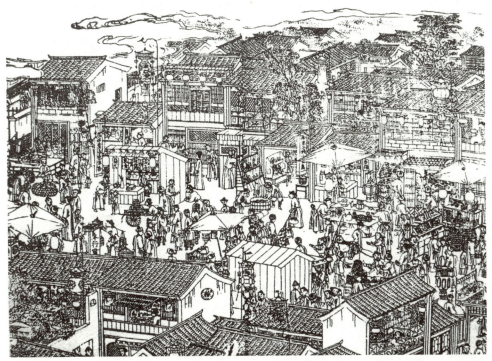

北京灯市《唐土名胜图会》（日本）冈田玉山绘

类似的会还有天津的法鼓会，山东惠民胡集的说书盛
会，浙江硖石的灯会，广东的泥人会等等，都是元宵节
民间文艺的群众组织。

（三）元宵

吃元宵是元宵节的一个特点，也是元宵节的饮食风俗。

元宵俗名汤圆，传说起源于春秋末期。唐代称为面
茧、圆不落泥。宋代称为圆子、团子。

元宵的种类很多，馅有多种多样，味分香、辣、
甜、酸、咸五种，其中甜馅有豆沙、芝麻、枣泥、白
果、花生、杏仁、山楂等，另有酸菜、肉丁、火腿丁、
虾米、豆干、茼蒿等做馅的。做法有包元宵、摇元宵两

种。熟食方法有煮、炸和蒸三种。每当元宵节来临，各地都有元宵、汤圆食品，更增加了节日的气氛。

吃元宵的目的是祈求家庭团圆，追求亲情的凝聚力。宋代诗人周必大写有《元宵煮浮圆子》诗：

今夕是何夕，团圆事事同。

汤官寻旧味，灶婢论新功。

星烂乌云里，珠浮浊水中。

岁时编杂咏，附此说家风。

元宵的作用，本为节日食品，但是又为敬神之物，后来又取其外形圆，而有"团团圆圆"之意。台湾民谣曰："吃了汤圆，好团圆"。

（四）求子

元宵节虽然有祀神、驱疫等活动，但最终目的不外乎是祈求五谷丰登，人畜两旺。

首先是祈求农业、蚕事丰收。湖南宁乡在元宵节期间有焚田活动，又称烧元宵。此时，农民高呼口号："正月十五元宵节，害虫蚂蚁高山歇，嘿！"到了深夜，人们以香蘸茶油点燃，插于屋角，有的说是驱老鼠。这种熏虫保作物，实为灯节的原始形态。

元宵节的起源与农事有关，即农家

的照田蚕。元宵之夜，农家在竹竿上挂一盏灯笼，然后插在田间，表面看是根据光的颜色预测农作物的丰歉，实际是以光驱虫、驱灾，盼望丰收。江苏兴化地区迄今元宵夜不点火、不玩灯，但要点上火把，到田间、场院欢歌跳舞。这可能是元宵节的原始遗存。

其次是求子。在元宵节期间，各地都有许多求子活动，方法也不一样，主要有：

送灯求子

近人徐珂《清稗类钞》："淮安有送子之俗，恒在元宵后，二月初二前，凡年老无子，及成婚多年而未育者，戚友咸送纸糊之小红灯，间有用砖代者，此砖须取自东门外之麟桥堍，否则无效。盖取麒麟送子之意。由送者先期择日，备柬通知受者之家，临时，约集十余人，鼓乐大作，持灯或送砖往，受者则远迓门外，以所送之灯或砖悬于望子者之床中，并以酒筵待送者，他日得子，则有重酬。"为了适应广大民间百姓的需要，艺人还把送子内容刻在年画木板上，印出销售，所以在年画中有不少送灯求子内容的题材。

向陈靖姑求子

陈靖姑，又称"临水娘娘"。是与

麒麟送子　扑灰年画　山东高密

妈祖齐名的中国两大女神之一。海内外公认陈靖姑是"救产、护胎、佑民"的神仙。福建的福州、古田，浙江的温州等地在正月十五向陈靖姑烧香、求子，温州等地除烧香外，还从神案上偷吃米孩，以求得子。

打妇求子

在江苏泰兴农村，正月十五早晨，妇女已婚两年不育者，往往被拖出大门，绕着粪坑前拉后推，不断奔跑，人们边走边以竹枝、扫帚、木棍追打妇女，但不能打脸，最后丈夫以烟糖谢众，才能罢手。人们还说：如明年不生孩子，还要棒打求子。

偷生菜求子

《清稗类钞》："广州元夕妇女偷摘人家蔬菜，谓可宜男。又妇女艰嗣续者，往往于夜中窃人家莴苣食之，云能生子，盖粤人呼莴苣为生菜。"以菜象征子女，生为孕育之意。

拜桥梁求子

广东吴川地区在正月十五把桥装饰一新，挂许多纸

花，白花为男孩，红花为女孩，人们拜桥求花，祈求生子。

走桥求子

《帝京景物略》卷二："八日至十八日，集东华门外，曰灯市，贵贱相遇，贫富相贸易，人物齐矣。妇女着白绫衫，队而宵行，谓无腰腿诸疾，曰'走桥'。京城各门，手暗触钉，谓男子样，曰'摸门钉'。"《长安客话》："京师元夕，游人火树沿路竞发，而妇女多集玄武门抹金铺，俚俗以为抹则却病产子。"

拜石狮求子

《点石斋画报》记载，在广州元妙观门外有一对石狮，其中一只还背负小狮子，妇女多前去拜石狮，认为可以得子。

元宵节不仅是灯会之日，也是一年中四大节日之一，在此期间有许多文化娱乐活动。古代的散乐多在春节、元宵节期间演出。古代还多在元宵节玩角抵戏，又称相扑、摔跤，是一种力技表演。在广东吴川有一种泥人会，艺人制作许多泥人，展示于众，百姓争而购之，为正月十五一景。

杂技游艺表演也较多，如蹬坛、上刀梯、舞流星、木偶戏、变戏法、拉洋片和西洋镜等，其间也表演各种动物戏，如耍猴、鼠戏、玩熊等，都是重要娱乐活动。通过这些活动，表现一种歌舞升平的景象。

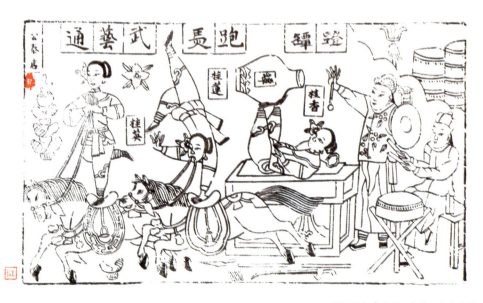

蹬坛跑马武艺通　年画　山东潍坊

二月二

ERYUE ER

　　中和节是唐德宗李适在贞元五年（789）所制定的，又名二月二日"龙抬头"。本来在二月一日，后将土地神生日纳入其中，故改为二月二日。

　　据《唐书·李泌传》记载，唐中叶以前，春天只有三个节日——正月九、正月晦（三十日）和三月上巳节，二月没有节日。唐德宗时，李泌上书，废正月晦，以二月一为中和节，以示务本。德宗十分赞同，并下令以正月初九、二月朔和三月上巳合称三令节。

　　这些记载表明，中和节是从唐德宗时期确认的。但是，中和节有些活动内容却非自唐代始，如周朝就有春分时去东郊祭日，秋分时去西郊祭月的习俗。太阳糕来源也较早，一直沿用到隋唐。唐德宗时，从春分活动中吸取了祭日的内容，充实了中和节，于是中和节与春分混而难分。

（一）祭太阳神

　　太阳神，又称日神。这是最古老的自然崇拜之一，在内蒙古阴山岩画和云南沧源岩画中就有拜日神的形象。道教兴起后，多称祭祀太阳星君、日神。中国古代祭太阳神，有三个时间：二月初一、三月十九和十一月十九。

关于太阳的传说有很多，大汶口陶尊上已有日月形象。传说最早时有十个太阳，经过后羿射日，才变成了一个太阳。又传说太阳是一个男子，月亮是一个女子。从汉代画像石上看，太阳中居住三足乌，后来把太阳神人格化了，变成男人形象，甚至有妻。于是有太阳神、太阴神之分。

传说他们分居于日宫、月宫之中，主宰天下大事。这些传说虽然是远古时代人们的创造，但其中也反映了他们的实际感受。人们日出而作，有了温暖，可以种植庄稼，入夜和阴天太阳又消失

了。诸如此类变化，使人们产生联想，最后创造出太阳神。至于太阳中的神鸟传说，可能是把日出与鸡鸣联系起来，认为太阳和鸡是伴侣，一旦鸡鸣，太阳升起，人们就起床了，开始了一天的耕耘。

祭太阳时，要供奉太阳糕，这种糕以江米粉制成，上面印有太阳和乌鸦图案，有的糕上塑有小鸡。民间也以吃太阳糕为美食。

（二）土地诞辰

中和节也祭土地神。

土地神即古代灶神，也是自然崇拜之一。《春秋公羊传·庄公二十五年》："鼓用牲于社。"何休注："社者，土地之主也。"土地神或社神生辰各地不一，有的地方定在二月二，有的定在六月初一，有的定在七月七，但以二月二居多。

传说最早的土地神就是土地，当时还无神像。海南黎族的土地神多以石块为之，后来才人格化。起初人格化的土地神是勾龙，后为土地神。土地神原为

太阳神　神马画　山西

土地神龛中贴的土地公　陕西凤翔

女性，故曰地母，后来又有男女两性，称土公、土母，土地爷、土地奶奶，还有了土地庙。清让廉《春明岁时琐记·二月》："二日为土地真君生辰，城内外土地神庙，香火不绝，游人亦众，又有放花盆灯，香供献以酬神者，俗谓此日为'龙抬头'。此日饭食皆以龙名，如饼谓之龙饼，饭谓之龙子，面条为龙须面，扁食为龙牙之类。"民间流行的"土地娶妇"，也是一种社祭之礼。在《水浒传》中说到有一幅"土神祛水怪"图，描述土地神协助起义军征战的情形，说明土地神在民间有深厚的群众基础。江苏、安徽有盛大的土地会，祭祀土地神。在祭土地神时，有的地方还敬谷神。吉林民间传说：古代有一位妇女叫谷慧，生孩子时期只有高粱米充饥，因此而亡。后来在她的坟堆上，长出两株谷子，她托梦让丈夫种谷子，才有了谷子磨成的小米，谷慧也就成了谷神。

（三）神农之祭

民间在立春后第五个戊日，即为春分，而人们常把春分视为社日，其间供奉土地神、五谷神。吃社饭、喝社酒，这是古代村社居民在祭祀土地神时共食的遗风。在祭土地神的前后，历代朝廷都祭神农，皇帝还要亲自举行躬耕仪式。所谓神农，主要指炎帝。也有祭后土的，后土为社稷，又称田神。过去各个大城市均建有神农庙，以京都为最。因为祭祀神农时，皇帝要亲自祭祀，举行躬耕仪式，以便倡导农业生产，所以北京的先农坛规模甚大。祭祀神农时多在缺雨的春天，所以也祭龙王祈求降雨。

（四）龙抬头

中和节，又称龙抬头、龙头节。《帝京景物略》卷二："二月二日曰龙抬头，煎元旦祭余饼，熏床炕，曰'熏虫儿'，谓引龙，虫不出也。"中和节后，春天来了，草木复生，各种虫子也复活了。在此之际，人们引龙回。中国远在六千年前就产生了对龙的信仰，当时有玉龙、龙盘。商周时期的龙形象就更多了，佛教传入以后又出现了龙王。山东惠民地区过一种春龙节，用灶烟在地上画一条龙，俗称引钱龙。引龙回有两种目的：一是请龙回来，兴云播雨，祈求农业丰收；二是龙为百虫之神，龙来了，百虫就躲起来了，这对人体健康、农作物生长都是有益的。江苏南通民间在二月二用面粉制作寿桃、五畜，蒸熟

牧下天民黎佑保飯送來人娘宮正出金使爺皇崴萬頭抬龍二月一

二月二龙抬头　年画　山东潍坊

后插在竹签上。晚上再插在坟地、田间，认为这是供百虫之神和祭祀祖先的食品，祈求祖先驱赶虫灾，也希望百虫之神不要危害庄稼。同时，为了农业丰收，需要充足的阳光、肥沃的土地，也需要雨水的浇灌。因此祈求雨水成为中和节的重要内容。与此同时，还要玩龙

二月二祈雨打火　农民画　陕西安塞　余泽玲作

戏，此举是将祭龙与求雨熔于一炉。

中和节在少数民族地区也颇有影响。侗族也称二月二为龙抬头，节日期间以户为单位，请亲友，在野外会餐，企盼丰年。不过侗族称接龙为接牛，即犀牛，认为犀牛是龙的象征。过节时，人们从村外牵

二月二 剪纸 陕西 华月秀作

小牛，以小牛为诱饵，引龙进村。然后杀牛祭龙，分食牛肉，各家吃酒，边饮边呼划"玉龙归位拳"，唱"玉龙归位歌"。最后把牛角埋在犀牛塘下，标志犀牛回家，龙归位了，村寨就可以五谷丰登了。

（五）花节

花节，又称花朝节，具体时间不一，一说为二月初二，一说为二月十二，一说为二月十五。传说此日为花的生日。《西湖游览志余》卷二十："是日，宋时扑蝶之戏，今虽不举，而寺院启湟盘会，谈孔雀经，拈香者尘至，犹其遗俗也。"

此时各地都拜花神庙，庆花神诞辰，伴随而来的是赴野外观花、植花木、捕蝶，或举行赏花会。北京民间多前往天坛等地赏牡丹，也植花种草。云南等地则流行插花节。四川所过的游江节和杭州的香市，也是一种踏青、赏花活动。

此外，二月初三为文昌（主宰功名、禄位之神）诞辰，该日文人雅士敬奉文昌，求科举登第。

二月二过后，广大农村开始耕地，南方则广种桑树，山区则进行春猎。

清明节

QINGMINGJIE

清明节，又名鬼节、冥节、死人节、聪明节。与七
月十五、十月十五合称三冥节，都与祭祀鬼神有关。清
明本为二十四节气之一，但是，由于它在一年季节变化
中占有特殊的地位，加上祭祖、寒食节又并入其中，清
明成为一个重要的节日。

清明节　剪纸　陕西安塞　余泽玲作

（一）寒食

寒食节，又称冷节、禁烟节。它晚于上巳节，又早于清明节。通常说寒食节在汉代于清明节的前三天举行，至唐、宋两代改在清明节前一天，后来两者就混杂了。其起源传说与春秋时代的晋国公子重耳的臣属介子推有关。重耳曾流亡国外十几年，介子推跟随护驾，立过大功。后来重耳返国继位，介子推却躲入深山避官，无论怎么设法让他出山都无济于事。于是重耳用放火烧山的方法，逼介子推出山，不料介子推抱木不出，被火烧死了。《汝南先贤传》："介子推以三月五日自燔，后成禁火之俗。"此说即来源于上述传说。后人为了纪念介子推，即在三月禁火一个月。历史上虽然确有介子推其人，但寒食并非介子推开始，而是钻木取火的遗制。人类最初不会用火，后来才使用天然火，到了旧石器时代晚期才发明了钻木取火。由于取火工具基本为木质，不容易保存下来，但在中国少数民族地区还保留各种人工取火方法，包括磨竹取火、击打取火等。尽管如此，也注意保存火种，一旦火灭，还要借火。周代还有改火之举，即根据不同的季节，用不同的钻木取火工具。而每次改火时，必然换取新火。由于旧火和新火不相接，人们自然会事先做好许多熟食，供改火时使用，久而久之变成一种冷食风俗。唐宋之际，朝廷的尚食监还在清明节组织少年举行钻木取火比赛，皇帝亲自观赏，谁先钻出火来，即可得到皇帝的奖赏。

寒食节的时间，一般在清明节前一两天。《荆楚岁时记》："去冬节一百五日，即有疾风甚雨，谓之寒食，禁火三日，造饧大麦粥。"最初的寒食时间为一个月，后来改为七天、三天，最后定为一天。到了唐代，寒食节与清明节合而为一，寒食变成清明节的一部分。历代诗人咏清明、寒食的诗不少，如唐代诗人韩翃《寒食》：

春城无处不飞花，寒食东风御柳斜。

日暮汉宫传蜡烛，轻烟散入五侯家。

该节饮食是饧大麦粥、枣糕（子推饼）、馓子。寒食节期间，各地多有扫墓祭祖活动。当天还以面粉、枣泥制成饼，称子推饼，捏成燕子形，以柳条吊在门口，作为怀念介子推的象征。

（二）祭祖

　　寒食节后即是清明节，主要活动是祭祖扫墓，这种风俗起源极其古老，可能是随着对祖先崇拜的出现而产生的，又为历代所继承和发展。

　　清明祭祖有两种形式：

　　一种是在家或祠堂祭祖先。汉族自古以来即有祭祖仪式，古代称合祭，又称祫祭，指在祠堂或太庙中祭祀

祭祖家堂　山东高密

远近祖先。另一种是上坟、扫墓，又称墓祭。

有墓地就有墓祭。《周礼·春官·冢人》："凡祭墓，为尸。""尸"为神主之意。至今在浙江绍兴清明上坟时，必在坟堆左立一石，题"后土之神"，祈求山神保佑双亲，然后祭左邻右墓，最后祭自己家的祖先。

祭墓主要有两项活动：一是为死者烧香、上供，其中必烧纸。这种纸是特制的，又称光明钱、往生钱，是送给鬼或死人的钱，以便死者在冥世间使用。其实，最初献给死者的是生活所需的实物，货币流行后才给死者献钱币。汉代用冥钱或瘗，唐代改为纸钱。《旧唐书·王屿传》："汉以来，葬者皆有瘗钱，后俚俗稍以纸剪钱为鬼事。"所以烧纸是比较晚出现的。初焚纸钱外，还流行一种压钱，即把纸钱压在坟堆的四角、坟顶。另一项活动是为坟堆填土，或者修坟立碑。民间信仰认为，坟地是

死者的世界，他们在那里进行生产劳动，衣食住行，无一不有，而墓穴就是死者的房屋，坟堆则是房顶。由于经年雨水冲刷，人畜损坏，坟堆往往倒塌，所以要除草、填土，防止雨水流入。有的地方还流行戴柳祭祖。上坟的目的，当时是"饮水思源，慎终追远"。之所以选在清明节，是因为当时冬去春来，万物复苏，自然想到祖先起居如何，应该修坟冢，填衣食，进行坟祭。正如宋高菊卿诗《清明》所云：

南北山头多墓田，清明祭扫各纷然。

纸灰飞作白蝴蝶，泪血染成红杜鹃。

在甘肃民勤地区流行过驼羊会。相传苏武曾在此牧羊，为了纪念苏武，三月初三各地牧民皆赶骆驼、羊群而来，登山游春，饮泉水。清明期间，北京在三月十五日还有一个掸尘会，善男信女都争先恐后去东岳庙，纪念东岳大帝诞

祭祖　剪纸　山西中阳　王计汝作

辰，拜七十二司。

　　除了祭祖和扫墓外，人们对野鬼孤魂尤为畏惧。因而在扫墓之际，也分出一部分食品、酒和纸钱，给孤魂一定的安慰，防止他们抢夺祖先的供品，也防止孤魂干扰活人的生活。所谓放河灯，就是祭野鬼孤魂的形式之一。

　　祭祖扫墓的作用是强调家庭、宗族内的血缘关系，加强团结，炫耀祖先的功德，以利今后家庭的发展。谚语说，"清明无客不思家"，这种感情不仅是为了祭祖，也是家庭宗族内凝聚力的反映。

　　清明节有不少节日食品，其中多与宗教信仰有关，如比较突出的是蒸面燕，又名"子推燕"。浙江临安地区，家家户户在清明节时采嫩莲拌糯米粉，做"清明狗"，有几个人制作几只，挂起来，直至立夏，然后烧在饭中，也是每人吃一只。流传"吃了清明狗，一年健到头"。由此观之，子推燕、清明狗都是一种驱病之物，

也是一种营养补品。清明节另一重要食品是春饼，又名薄饼，内包以猪肉、鸡蛋、鱼肉、猪肝、豆芽等馅。这种食品本来是祭祖用的，后来成为群众的节日饮食。

（三）踏青

踏青来自三月三上巳节，后来由于上巳节并入清明，而扫墓又要到郊外去，因此清明节进行踏青十分流行。

踏青的前身应该是野外的交往。在氏族时代，两个氏族之间的婚配就是依靠这种交往，进行对歌、跳舞等形式，彼此相识及建立感情，发生族外的婚恋关系。后来的踏青却是文明时代的产物，是文人雅士的娱乐手段。

踏青时用的轿、车要插挂柳枝，在房檐上、妇女头上、儿童衣襟上也插挂柳枝。另外，也有的地方以柳枝做成球具为戏，或把柳芽掺入面食内，摊饼食之。插柳是什么风俗呢？《春明岁时琐记》："清明日，妇女儿童有戴柳条者，

三月郊外游 细纹刻纸 浙江乐清 陈余华作

斯时柳芽将舒苞如桑葚，谓之'柳笋'。谚曰：'清明不带柳，死后变黄狗。'其义殊不可晓，或曰：'清明不带柳，死在黄巢手。'盖黄巢造反时，以清明日为期，带柳为号，故有是谚也。"

由此可看出，插柳、戴柳是清明节的重要习俗，是一种节日装饰。"清明不戴柳，红颜成皓首。"戴不戴柳成为人生死攸关的大事。它的起源有三种传说：一说唐太宗给诸臣柳圈以示赐福驱疫；二是古代皇帝赐杨柳之火，伴之而来的柳枝也身价大增，成为插柳的来源；三则认为柳枝有灵性，可以辟邪，故为人们喜闻乐见的装饰物。此外还有一种说法，认为房檐上插柳，是一种住宅标志，以示醒目，可导引祖先的亡魂归来。

中国是一个养蚕古国，远在史前时代就懂得使用蚕丝。当然，一般民众还是穿用麻衣，贵族才能服用丝绸。但丝绸远销国外，中国有供运输的丝绸之路，所以养蚕是民间一大行业，并有相当多的节日活动。

清明前后，既是民间饲养的季节，又是祭祀蚕神的节日。《湖州府志·岁时》："清明晚，则育蚕之家设祭以禳蚕祟也。"湖州、杭州"祛蚕祟"有两种方法：一是在白虎星神像前吊肉，祭而退神；一是在门前画弓箭，使白虎逃之夭夭。还有吃海螺，把海螺壳丢在房上，象征赶白虎。中国供奉的蚕神基本有三种：嫘祖、马头娘和青衣。各地都有祭蚕神仪式。民间信仰认为，白虎是养蚕的大敌，通过画弯弓、桃青等巫术以及贴门神祛禳，祈求蚕业丰收。杭州桐乡芝村有龙船庙，蚕农在庙前河中集合，用两船并在一起为祭坛，上供蚕神，设供品。祭祀时向蚕神叩头，祈求蚕业丰收。然后表演文艺节目，号称蚕花盛会，实为祭蚕神仪式。祭蚕神是为了蚕业丰收，同时也有

求子风俗，如芜湖过"真清明"时，在前一天准备一个南瓜，第二天煮熟，夫妻对坐食南瓜，认为吃南瓜能生男娃。

（四）游戏

清明节有不少游乐活动，主要有荡秋千、放风筝、斗鸡、拔河、踢球、马球、赛龙舟等等。

荡秋千

秋千是在木架上悬挂两绳，下拴横板而成。人们坐或站在板上，前后摇动，做出种种惊人表演。此外还有转秋、磨秋等形式，其起源于北方。隋炀帝《古今艺术图》云："秋千，北方山戎之戏，流传入中国。"南北朝时期已传到江南。刘向《别录》云："春时悬长绳于高木，士女衣彩服坐其上，而推引之，名曰打秋千。"这种秋千活动，传遍大江南北，除汉族外，在朝鲜族和中国西南少数民族中都较流行，而且越玩越大，出现有地方特色的转秋、磨秋等。

清明前后，春风正盛，是放风筝的季节，因此清明节多放风筝。风筝的起

蚕花茂盛　年画　江苏苏州桃花坞

放风筝 年画 天津杨柳青

源与放邪有关，最初是一种巫术。福建惠安地区扫墓时，大人带小孩，小孩在山间放纸鸢，认为此举有放邪之效，孩童会健康成长。《清嘉录》卷三："纸鸢，俗呼'鹞子'，春晴竞放，川原远近，摇曳百线。晚或系灯于线之腰，连三接五曰'鹞灯'。又以竹芦粘簧，缚鹞子之背，因风播响，曰'鹞鞭'。清明后，东风谢令，乃止，谓之'放断鹞'。"可知放断鹞也来源于巫术。但是后来的风筝已失去巫术特色，变成一种老少皆宜的娱乐方式，曹雪芹就是一位扎风筝的高手。各地也有不少风筝会，风筝成为一种民间艺术的精品。

五龙燕 风筝 北京 哈亦琦作

斗禽

斗禽指斗鸡、斗鸭、斗鹌鹑等游戏。斗鸡就是让两鸡相斗。战国时期已相当流行，《战国策·齐策》记载，临淄人善"斗鸡走犬"。

斗鸡为什么在清明节前后呢？这与鸡的生活规律有关。在农历十一月到四月初，野鸡不分公母，都群居在树上。四月至六月为野鸡的交尾期，群居生活解体，形成一对公母鸡的单偶生活。此时同性相斥，异性相吸。人类利用野鸡的这种生活习俗，饲养鸡媒，专门以其引诱其他野鸡来斗，从而捕捉之。还发明了以饲禽诱捕野禽的方法，如养鸡媒捕野鸡、养鹌鹑捕野鹌鹑等等。以后又在此基础上，发展为斗鸟、斗鸭、斗鸡、斗牛、斗马、斗孔雀等。

击壤

击壤起源于尧舜时代。古代称为"飞堶"。晋周处《风土记》对此有详细记载："壤以木为之，前广后锐，长尺四寸，阔三寸，其形如履。将戏，先列一壤于地，遥于三四十步，以手中壤敲之，中者为吉。"民间的打瓦、打台、打尺子击钱均是击壤遗俗。

清明节期间，男子多到野外植树，妇女忙于针线、刺绣。

端午节

DUANWUJIE

端午节，又名端阳、重午、端五、重五、端节、蒲节、天中节、诗人节、女儿节。关于端午节的起源，有许多说法。过去比较通行的说法是楚国屈原五月五日投汨罗江自尽，人们为了纪念他，才有五月五端午节。但是近代学者的研究证明，端午节的许多活动早在屈原以前就存在了，据宋高承《事物纪源》记载，端午源于春秋时期。越王勾践为了操练水兵而划龙舟，这说明端午节起源较早。也有人认为该节是龙图腾的祭祀节日，或来源于夏至，或起源于恶日。还有的认为是纪念伍子胥投钱塘江，还有曹娥救父之说。也有人主张五月五端午节与介子推有关。还有的说是为了祭祀先祖。类似传说五花八门。端午节的起源可能是为了祭祀水神或龙神而举行的祀神仪式，后来各地又根据自己的历史文化，对端午节起源作了自己的解释，其中纪念屈原是比较流行的说法。

端阳喜庆　年画　江苏苏州桃花坞

张天师降五毒 年画 陕西凤翔

（一）纪念历史人物

端午节是一个祭祀诸神的节日，其中有屈原、曹娥、蚕神、农神、张天师和钟馗之祭。

曹娥是浙江地区五月五日祭祀的神灵之一。《后汉书·列女传》："孝女曹娥者，会稽上虞人也。父盱，能弦歌，为巫祝。汉安二年五月五日，于县江溯涛婆娑（迎）神，溺死，不得尸骸。娥年十四，乃沿江号哭，昼夜不绝声。旬有七日，遂投江而死。至元嘉元年，县长度尚改葬娥于江南道旁，为立碑焉。"至今民间还流传有关历史传说。由于她是孝女的楷模，为东汉时期的统治者所提倡，于是加以宣传，并把她与龙舟联系起来。浙江建德地区认为白娘子盗仙草救了许仙，也救了百姓，所以当地在端午节祭白娘子。

张天师也是端午节祭祀的神灵之一。《燕京岁时记·天师符》："每至端阳，市肆间用尺幅黄纸，盖以朱印，或绘画天师、钟馗之像，或绘无毒、符咒之形，悬而售之。都人士竞相购买，贴之中门，以避祟恶。"

端午节的另一辟邪之神是钟馗。是日各户都购买钟馗图，挂于门上驱鬼，各户之间也以赠送钟馗像为荣。《清嘉录》卷五："朔日，人家以道院所贻天师符，贴厅事以镇恶。"又称"堂中挂钟馗画图一月，以祛邪魅"。由此看出，钟馗既可打鬼，又可驱疫。古代早期就迷信钟馗，如铜镜上的图案。张天师、钟馗皆为道教历史人物，道教正是善于驱鬼降妖，而五月五日为毒月日，自然会把道教的神仙搬到节日中来，所以这是较晚兴起的信仰。

浙江衢州地区把五月五视为药王神农的生日，以该日阴晴占卜年成好坏与药品的质量。而端午草药则由来已久，在全国各地都较流行。

另外，在福州称瘟神为大帝，曾修建庙宇供奉，五月端午举行大帝诞，杀牲祭祀，搭台唱戏。而浙江湖州地区过谢蚕神节。

（二）划龙舟

划龙舟是端午节的重要活动，中国绝大多数县市在端午节划龙舟。所谓龙舟，就是龙与船的结合，是一种以龙为标志的竞赛船只。划龙舟不仅在汉族地区流行，在少数民族地区也相当活跃，如壮族、傣族、苗族都有盛大的龙舟赛会，云南西双版纳举行泼水

钟馗　年画　天津杨柳青

端阳节闹龙舟　年画　天津杨柳青

扒龙船　铜写剪纸　广东佛山

节活动时，傣族也举行龙舟比赛，龙舟华丽，观者人山人海，颇有民族特色。另外在朝鲜族、白族、土家族、拉祜族、仡佬族、京族、黎族地区，也过端午节，划龙舟，其中满族又称"重五节"。

龙舟的特征表现在龙头、龙尾上，此外还有各种装饰，如舟上有神楼、神位、旗帜、彩灯、大鼓、铜锣等等。每逢端午节时，事先要修龙舟，训练水手，到节日时进行龙舟比赛。比赛前，必须请龙、祭龙，然后进行竞渡。

划龙舟的主要目的：一是祈求农业丰收。《浙江通志》引《西吴里语》："清明居民各棹彩舟于溪上竞渡，宜田桑。"二是驱除瘟疫。《长沙府志》卷十四："端午……坊市造龙舟，竞渡夺标，俗以为禳疫。"有的地方还以龙舟送鬼，即驱邪避瘟疫。在广东民间流行一种纸符，书有"天生火官除百害，八卦水御灭凶灾"，就是划龙舟时用的，目的是去灾求吉。

（三）吃粽子

粽子，又称角黍。晋周处《风土记》："仲夏端午，烹鹜角黍。"角黍的做法是把粽叶即大竹叶泡湿，糯米发开，以肉、豆沙、枣仁等为馅，包成三角或四角形状，蒸煮熟而食之。《燕京岁时记·端阳》："京师谓端阳为五月节，初五日为单五，盖端字之转音之。每届端阳以前，府第朱门，皆以粽子相馈贻，并附以樱桃、桑葚、荸荠、桃、李及五毒饼、玫瑰等物。"为什么端午节要吃粽子呢？传说是为了纪念历史人物屈原，向他献的供品。南朝梁吴均《齐谐记·五花丝粽》："屈原五月五日投汨罗水，楚人哀之，每至此日，以竹筒贮米，投水以祭。"其实吃粽子怀念屈原是较晚的，在此之前粽子是一种夏令或夏至食品，同时用以祭祀水神或龙，后来才把纪念屈原附会上去，并流传至今。

端午节的特点和活动内容，在一首民谣中有充分的反映：

五月五，是端阳。

门插艾，香满堂。

吃粽子，洒白糖。

龙船下水喜洋洋。

鸡蛋也是端午节的重要食品，早晨小孩还没出被窝时，大人就把鸡蛋送到小孩嘴边，认为鸡蛋有健身之效，也与蛋生神话有关。

雄黄酒，是酒内加入药物——雄黄，其中含三硫化二砷。《清嘉录》卷五："研雄黄末，屑蒲根，和酒以饮，谓之雄黄酒。又以余酒染小儿额及手足心，随洒墙壁间，以去毒虫。"民间认为把雄黄酒涂在额上、耳朵上，能防虫健身。《酌中志》卷二十："初五日午时，饮朱砂雄黄菖蒲酒，吃粽子，吃加蒜过小面。赏石榴花，佩艾叶，合诸药画治病符。"浙江奉化民间认为端午前后的药材治病最灵，必多采集，送给老人，故称该节为送药节。东北少数民族在端午节早晨，出去采菖蒲、艾蒿。还去水域捉青蛙，然后往蛙口内填一块墨，令其干燥，一旦发现有人患浮肿病，就用蛙墨涂抹伤口，但必须是在端午节时制作的。

（四）避五毒

民间信仰认为五月为毒月，初五又是毒日。有五毒，即蛇、蜈蚣、蝎子、蜥蜴、癫蛤蟆。此月多灾多难，甚至生孩子都会夭折，因此必须采取各种方法预防，包括以服药和宗教手段来避五毒之害。为了对付五毒，在端午节要赐扇，小孩穿五毒裹肚，佩香囊，捕蛤蟆，贴端午符，沐浴兰汤等等。天津已婚妇女要带领小孩到河边"躲午"，并把身上佩戴的辟邪物如布人、布狗等物丢入水中，取小布人代替受灾，俗称狗咬灾星。

首先，佩戴辟邪植物。起初是插菖蒲、艾虎。《燕京岁时记·菖蒲·艾子》："端午日用菖蒲、艾子插于门旁，以禳不祥，亦古者艾虎、蒲剑之遗意。"民间多自采自用，城里则有人沿街叫卖菖蒲、艾草。后来增加了石榴花、蒜头、龙船花，合称天中五端，可与五毒相克。

其次，端午节卖五虎花，佩挂护身灵物。《清嘉录》卷五："市人以金银丝制为繁缨、钟玲诸状，骑人于虎，极精细，缀小钗为串，或有用铜丝、金箔为之者，供妇人插鬟，又互相献赏，名曰

五毒　泥塑　陕西凤翔

端午节制作香包的庆阳妇女

螃蟹五毒香包　甘肃

健人。"这些饰物，又称香包，有些地区用雄黄酒在小孩额上画王字，取辟邪之意。有些地方还专门缝制五毒衣、五毒背心，让小孩子穿上护身。此外，还有贴永安符，举行钟馗赛会。有关民间防五毒剪纸也有不少，如倒灾葫芦、艾虎菖蒲剑葫芦、老虎镇五毒等。

再次，游天坛风俗。这主要流行于旧北京地区。《帝京景物略》卷二："五月五日之午前，群入天坛，曰避毒也。过午后，走马坛之墙下。无江城系丝段角黍俗，而亦为角黍，无竞渡俗，已竞游耍。"此外还举行石榴花会。

艾虎蒲剑葫芦　剪纸
山东蓬莱　清代

（五）端午游戏

端午节有许多游戏，除划龙舟外，还有射柳、击球、斗草、端午景。

《金史·礼志》记载："金因辽俗，重五日……插柳去地约数寸，削其皮而白之。先以一人驰马前导，后驰马以无羽横镞箭射之，既断柳，又以手接而驰去者为上，断而不能接去者次之……每射必伐鼓以助其气。"

击球也是金代风俗。《金史·礼志》称，击球时，"各乘所常习马，持鞠杖，杖长数尺，其端如偃月，分其众为两队，共争击一球，先于球场南立双桓，置板，下开一孔为门而加网为囊，能夺得鞠，直入网囊者为胜。球状如小拳，以轻韧木枵其中而朱之。"

斗草，又名斗百草，其法以草为器，有斗花草名，有斗草之韧性，有斗品种多寡。南北朝时期已盛行，后来沿袭。《红楼梦》第六十二回"香菱斗草"就是此类游戏。

还有端午景，也是一种高雅游戏。《清嘉录·五月端五》：苏州"五日，俗称端五。瓶供蜀葵、石榴、蒲、蓬等物，号为'端五景'。"清朝宫廷画像西洋人郎士宁曾绘过一幅《端午图》，就是宫廷端午景的真实写照。此外，端午节期间还举行马戏或马术活动，妇女则在闺房度夏。

夏至节

XIAZHIJIE

在芒种后15天为夏至，该日日照最长至终极，北半球白昼从此渐短。夏至是白天最长的一天。由于夏至具有划季节性，尽管它是二十四节气之一，但人们都把夏至当节日来过。

（一）夏至歌

夏至节在汉代已有，宋代官员还放假三天。《辽史·礼志》记载："夏至之日俗谓之'朝节'，妇人进彩扇，以粉脂囊相赠送。"关于这个节日，宋人周遵道《豹隐纪谈》载有"夏至九九歌"：

夏至后，一九二九，扇子不离手。三九二十七，吃茶如蜜汁。

四九三十六，争向路头宿。五九四十五，树头秋叶舞。

六九五十四，乘凉不入寺。七九六十三，入眠寻被单。

八九七十二，被单添夹被。九九八十一，家家打炭壑。

在夏至节，浙江金华地区有祭田公、田婆之俗，即祭土地神，祈求农业丰收。《荆楚岁时记·夏至》："取菊为灰，以止小麦蚕。"为防止害虫发生。夏至共15天，

风调雨顺 面塑 北京 冯海瑞作

其中上时三天，二时五天，末时七天，此时最怕下雨。而在多旱的北方则流行求雨风俗，主要有京师求雨、龙灯求雨等，祈求风调雨顺。但是，当雨水过多以后，人们又利用巫术止雨，如民间剪纸中的扫天婆就是止雨巫术。有些地方把本来是巫术替身的扫晴娘也奉为止雨求晴之神。过去在六月二十四日，还多祭祀二郎神，即李冰次子，因为民间供奉他为水神，以祈求风调雨顺。天旱了，请二郎神降雨；雨多了，请二郎神放晴。其时还有许多禁忌。《清嘉录》卷五："夏至日为交时，曰头时，二时，末时，谓之'三时'。居人慎起居，禁诅咒，戒剃发，多所忌讳……"

扫晴娘 剪纸 河北

（二）夏令饮食

在夏至后第三个庚日即进入伏天。此时天气炎热，人们食欲不振，开始消瘦，即"枯夏"。民间开始偷闲消夏，注意饮食补养，官府也停止办公事。江苏夏令饮食有三鲜：地上三鲜为苋菜、蚕豆和杏仁，树上三鲜为樱桃、梅子和香椿，水中三鲜为海丝、鲥鱼和咸鸭蛋。近人胡朴安《中华全国风俗志·仪征岁时记》："夏至节，人家研豌豆粉，拌蔗霜为糕。馈遗亲戚，杂以桃杏花红各果品，谓食之不蛀夏。"说明豌豆糕为补品，防止消瘦。浙江杭州喜吃乌饭，据传说是纪念战国时的庞涓。浙江建德民谣说："立夏日，吃补食。"说明夏至补食从立夏就开始了。广东有喜吃狗肉之习，俗语："夏至狗，没啶走（无处藏身）。"夏至杀狗补身，使当天的狗无处藏身，但不能在家宰杀，要在野外加工。北京流行有"头伏饺子，二伏面，三伏烙饼摊鸡蛋""冬至饺子，夏至面"等俗语。防暑主要注意两个方面：

首先是多吃冷食、凉食、瓜果。《清嘉录》卷六记载：苏州在"三伏天，好施者于门普送药饵，广结茶缘。街坊叫卖凉粉、鲜果、瓜藕、芥辣索粉，皆爽口之物。什物则有香蕉、苎巾、麻布、蒲鞋、草席、竹席、竹夫人、藤枕之类，沿门担供不绝……浴堂亦暂停爨火，茶坊以金银花、菊花点汤，谓之'双花'。面肆添卖半汤大面，日未午已散市……"古代的斗茶、凉汤都是极好的防暑品。苏州立夏节喝"七家茶"，小孩要吃"猫狗饭"。同时多饮食凉粉、酸梅汤，服用冰块。《周礼·冢宰治官之职》："凌人掌冰，正岁，十有二月，令斩冰，三其凌。"说明周代已有掌冰的官吏和冰窖设备，冬季贮冰，夏季食用。宋吴自牧《梦粱录》卷四："六月夏季，正当三伏炎暑之时，内殿朝参之际，命翰林司供给冰雪，赐禁卫殿直观君从，以解暑气。"清代就有刨冰。《帝京景物略》卷二："立夏日，启冰，赐文武大臣。"此时又是瓜季，人们坐在瓜棚下乘凉，品尝西瓜。西瓜、苦瓜都是清热消暑食品，是夏至季节的重要佳品。另外，夏季蚊虫繁殖，雨水多，易感染痢疾等肠道疾病，因此在夏令饮食中有吃大葱、大蒜习俗。明李时珍《本草纲目》认为大蒜有"通五脏，达诸窍，去寒湿，避邪恶，消肿痛，化癥积肉食"之效。此外，凉亭赏夏也是人们盛夏中进行的一项防暑活动。

（三）防暑

除饮食上防暑外，还要利用不少防暑工具，如雨伞、扇子、凉鞋、凉席、竹夫人等。

扇子起源很早，先为农业生产的扬谷工具，后来才加以改进，变成防暑和戏曲用具。文献记载中的商代扇子，是车上遮雨用的，称"扇汗"。南北朝后，在扇汗外，又发明一种长柄障扇，后来演变为华盖。民间的扇子因地而异，有芭蕉扇、蒲扇、羽扇、绢扇等，后来才出现了纸制折扇。当时的卧具则普遍利用各种质料制成的

四郎探母（石印）扇画　天津　民国

凉席。古代流行的瓷枕，也是一种防暑卧具。也有用竹枕的，即称竹夫人，又称百花娘子、竹姬、青奴。在《吴友如画宝》中有一幅"竹妖入梦"图，图中就绘有一男子卧于床上，抱着竹夫人入梦乡的情景。由于夏天白天长、炎热，入夜又难眠，各地都提倡睡午觉。此外，人们也喜欢在夏天里参加游泳、戏水、养金鱼、叉鱼、钓鳖、捕蛙、捉鱼、捉鳝鱼、夏猎等活动。

夏至后入伏有初伏、中伏、末伏之分。三伏天是一年之中最炎热的时期，容易中暑、生病。清李渔《闲情偶寄》卷十五："一岁难过之关惟有三伏，精神之耗，疾病之生，死亡之至，皆由于此……使天只有三时而无夏，则人之死也必稀。"因此，旧时多驱鬼以求安，同时也讲究中午歇晌，讲究吃补食。此外，还要特别注意防暑。尽管如此，夏天对人体的消耗也是较大的，因为吃不好、睡不实，受到炎热的煎熬，因此称为枯夏。北方有一个风俗，即定期为小孩称体重，看看他的体重是否增加，以观察儿童的生长情况。

夏至前后，也是农忙之时，北方收麦、打场、收粮，南方则种稻插秧，至于捕鱼活动，在各地都很活跃。

男十忙　年画　陕西凤翔

七夕节

QIXIJIE

　　农历七月七日，称七夕节、乞巧节、少女节、女节、女儿节、洗头节、情人节、双星节、双七节、妇女节等。除唐代有六夕，五代以七月六日为七夕节外，历代均以七月七日为七夕节。《荆楚岁时记》："七月七日，为牵牛、织女聚会之夜。傅玄《天问》云：'七月七日，牵牛、织女会天河。'此则其事也。张骞寻河源，所得楮机石示东方朔，朔曰：'此石是织女楮机石，何于此?'为东方朔所识，并其证焉。"我们先从牛郎会织女谈起。

（一）牛郎织女

　　牛郎织女传说来源于神话故事，这种神话又来源于天文知识的获得。商周时期已经有了牛郎、织女诸星的记录。

　　牛郎、织女本来是两个星辰，在战国出土文物的木棺上就已有了记录。现代天文学家认为牛郎星属天鹰座，织女星属天琴座。牛郎星有三颗，即河鼓一、河鼓二、河鼓三，通常说的牛郎星是指河鼓二。《尔雅》中"河鼓谓之牵牛"，指的就是河鼓二。人们把河鼓一和河鼓三视为牛郎挑的两个孩子。牛郎星东南方的六颗牛宿星，被认为是牛郎牵的牛。织女星也有三颗，即织女

鹊桥会　年画　广东佛山

一、织女二、织女三，构成三角形，俗称织女用的梭子。织女星东南方的四角形的渐台星一、二、三、四被认为是织女的织机。在原始思维中，万物皆有灵，包括星辰在内，认为自然界如同人世，仍有男女。牛郎星、织女星也是一对男女，且生儿育女，从而产生了牛郎织女的神话。

　　据《太平御览·汉武帝故事》记载，汉武帝先后与西王母相会五次，均在七月七日，而西王母正是以银簪划河为界，分开牛郎织女的神仙。到东汉以后，牛郎织女传说已经定型，如天帝为

媒，牛郎织女结为夫妻。后玉帝令西王母下凡，划银河为界，两人隔河相望，每年七夕由喜鹊搭桥，才能相会。在《古诗十九首》中，有一首谈及牛郎织女的故事：

　　迢迢牵牛星，皎皎河汉女。
　　纤纤擢素手，札札弄机杼。
　　终日不成章，泣涕零如雨。
　　河汉清且浅，相去复几许。
　　盈盈一水间，脉脉不得语。

牛郎织女　布堆画

牛郎织女　年画　河南开封

浙江嘉兴在七夕还用香搭一个香桥，祈求牛郎织女在桥上相会，最后把香桥烧掉。山东则把七夕视为牛生日，感谢它对牛郎织女的贡献。河南陕县在七夕晚上，姑娘们流行给牛郎织女送饭，同时还唱歌：

年年有个七月七，

天上牛郎会织女。

牛郎哥、织女姐快相会。

俺给你送馍，

教俺学做活。

俺给你送汤，

教俺扎鞋帮。

俺给你送菜，

教俺学剪裁。

俺给你送水，

教俺纳鞋底。

俺给你送醋，

　　教俺学织布。

俺给你送瓜，

　　教俺纺棉花。

俺给你送油，

　　教俺学梳头。

　　不过，七夕节不仅要祭牛郎织女，还敬其他神。台湾当晚要祭七娘娘，认为该神是生育之神。当地也在床上摆供品，祭祀床神。湖北宜昌在七月七晚上，用荷叶插上香蒲，注入灯油，制成荷叶灯，挂于门前，庆贺宜昌秦代未受兵灾之难。浙江昌安则祭祀高二娘女神。

　　七夕节期间，士人多拜魁星、魁星爷，认为该神主仕途，有时也拜"五文昌"，包括魁星、文昌、朱衣神君、吕洞宾、关公，祈求五子夺魁、状元及第、马上封侯。

　　不难看出，七夕节发源于天体——星辰崇拜，是万物有灵论和自然崇拜的范畴。当时人们视牛郎、织女星为神，后来人们加以想象，根据人类的社会模式，把牛郎织女想象为一对不幸的夫妻。七夕还有一个传说，说西王母曾在七夕入汉宫，与汉武帝相见，从而七夕节地位上升，被汉武帝列为国家祭典。

（二）乞巧

　　七夕节，又名乞巧节，除祭祀牛郎织女外，当夜还置香案，供瓜果。入夜则听"天语"。同时，妇女们乞求智巧，预卜自己的未来命运。《帝京景物略》卷二："七月七日之午，丢巧针。妇女曝盎水日中，顷之，水膜生面，绣针投之则浮，看水底针影。有成云物、花头、鸟兽影者，有成鞋及剪刀、水茄影者，谓之得巧。其影粗如锤，细如丝，直如轴蜡，此拙征矣。妇或叹，女有泣者。"

在江南，节日中还要搭彩楼，妇女互送彩线。这些活动，明显反映了广大妇女对自己的生活有一种纯朴挚爱的美好追求。

在民间也保留许多七夕节的风俗，其中乞巧占有重要地位，例如，在胶东地区有祭拜七姐神的习俗，年轻女子喜欢在此日着新装，聚一堂，月下结盟七姐妹，有的还口唱：

天皇皇，地皇皇，俺请七姐姐下天堂。不图你针，不图你线，光学你的七十二样好手段。

清王士禛《都门竹枝词》云："七月针楼看水痕，家家小妇拜天孙。"可见天孙也是妇女在节日中求巧祭拜的对象。有的妇女还要结扎穿花衣的草人，谓之巧姑。不但要供瓜果，还栽种豆苗、青葱，在七夕之夜各家女子都手端一碗清水，剪豆苗、青葱，放入水中，用看月下投物之影来占卜巧拙之命。同时还举行剪窗花比巧手的表演活动。在浙江农村，传说七夕节时的露水是牛郎织女相会时的眼泪，如果抹在眼上和手上，可使人眼明手巧，所以流行用脸盆接露水的习俗。有些地区则认为七夕节下的雨水为织女的眼泪。广东雷州半岛姑娘

喜铐铐花　剪纸　山东

们喜欢在中秋节时玩浮针，当夜在月光下置一桌，放若干碗水，待月光来临，各人往水面上放一针，看针下的影子，针头、尾、中间分别代表少年、中年和老年，依影粗细判断一生美满与否。

民间有一首"乞巧歌"：

乞手巧，乞貌巧，乞心通，乞颜容。乞我爹娘千百岁，乞我姊妹千万年。

这首民歌表明，乞巧活动是妇女们为了追求心灵手巧、美丽迷人，期望能过上美好幸福的生活，同时也祝愿姊妹、双亲幸福长寿而开展的。

（三）巧食

七夕节的饮食风俗，各地不尽相同，一般都称其为乞巧食，其中以饺子、面条、油馃子、馄饨等为多数人喜欢吃的食物。吃饺子、面条在中国鲁西南地区也较流行。妇女们还常把针、钱币、枣等物包进饺子里，如果谁吃到有此物包的饺子，就意味着能得巧，能得财福，能早婚得子。在七夕节时，还有很多民间糕点铺，喜欢自制一些织女形象的酥糖，俗称巧人、巧酥、巧果，出售时又称"送巧人"。

随着七夕节乞巧活动的发展，娱乐活动也相伴其中，出现了热闹非凡的乞巧庙会。《东京梦华录》卷八："七夕前三五日，车马盈市，罗绮满街，旋折未开荷花，都人善做双头莲，取玩一时，提携而归，路人往往嗟爱。又小儿须买新荷叶执之，盖效颦磨喝乐。儿童辈特地新妆，竟夸鲜丽。至初六日、七日晚，贵家多结彩楼于庭，谓之'乞巧楼'。铺陈磨喝乐、花瓜、酒炙、笔砚、针线，或儿童裁诗，女郎呈巧，焚香列拜，谓之'乞巧'。"一般家庭常制作很丰富的精巧食品，在葡萄架下，说笑宴饮，俗称可听到牛郎织女七夕相会时的哭声。姑娘们常于此时举行拜星乞巧游戏，如穿针、抛绣针等。少年男子则吹拉弹唱，进行智力游戏，如玩葫芦问、七巧板、益智图、积木、游山湖、八卦阵等。

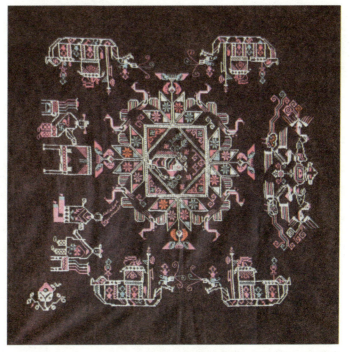

打骨牌　挑花　湖北黄梅　石九梅作

七夕之后，妇女开始纺织纱布，少女学习刺绣、挑花。

七月七日是一个吉祥的日子，在乞巧的同时，人们也在节日中祈求生育。《西京杂记》卷三："戚夫人侍儿贾佩兰后出为扶风人段儒为妻，云……在宫中时，至七月七日，临百子池，作于阗乐。乐毕，以五色缕相羁，谓之相连爱。"此外，还有一种七夕"种生"风俗，也是一种求育巫术，即在节日前，用若干种植物，如小麦、绿豆、小豆、豌豆等，放在器皿中浸水，生芽数寸后，于七夕日时用红蓝彩线束扎起来，作为一种得子得福的象征。另外，还有用蜡塑成各种形象物，放在水上浮游。这都是取悦于神祈求得子的巫术，可能是由唐代的"弄化生"演变而来的。当时是以蜡做成小人放在盆内，置水中祈子。

还有许多地区的年轻姑娘喜欢在节日时，用树叶煮水洗头发，传说这样不仅可以使女性年轻美丽，未婚女子还可以尽快找到如意郎君。用花草染指甲也是大多数女子与儿童们在节日中的一种爱好，这与生育信仰也有密切关系。

中元节

中元节，本为鬼节，又称七月半。这是一个祭祖的节日，并派生出不少节日风俗，如放河灯就是中元节的突出特点。

（一）祭地官

由于中元节为鬼节，而地狱是由三官主宰的，所以在此日祭三官大帝，尤其是地官。地官大帝为三元或三官之一。《道家大辞典》："道家以七月十五日为中元，定为地官大帝诞辰。《修行记》：'七月十五日为中元节，地官降下，定人间善恶。道士于是日，日夜诵经济度，饿鬼囚魂亦得解脱。'"道家有地官，佛家为地藏菩萨，乃是人类鬼魂崇拜与道教信仰的产物。人们祈求地官、地藏菩萨保佑，扬善驱恶，同时为祖先献祭，也给野鬼一点慰藉。

城隍之神　神马画　北京

在中国民间信仰中，主宰人间善恶和阴间世界的还有一种神，即城隍。城隍指城垣之神。周代天子祭水庸之神，实为城池之神。唐宋以后，由于城市的发展，各种矛盾

西湖名胜——城隍阁　细纹刻纸　浙江乐清

的激化，社会不安宁，人们希冀神灵保佑。山东荣成的中元节，就抬着城隍出游，沿街祭祀。在此情况下，城隍信仰有了较大的发展，并加以人格化，不少正人直臣死后，被奉为各地的城隍神，如北京以文天祥为城隍神，苏州城隍是春申君，杭州城隍是周新，桂林城隍是苏缄，济南城隍是赵景文等等。

城隍的职司，既是城池的保护神，也是城内外治安之神，后来又主宰当地的水旱、吉凶。

（二）祭祖先

民间信仰认为，阴间是由地官大帝管辖的，每年农历七月十五为地官大帝的生日，要打开阴间或地狱之门，这样祖先、鬼魂都会从地狱来到人间，从而形成祭祖节。祭祖先有两种内容：一是在家中或在祠堂内祭祀，称为家祭；二是墓祭，即赴墓地祭祀先人。这个节日在全国普遍流行，正如南宋陆游《老学庵笔记》所云："故都残暑，不过七月中旬，俗以望日具素馔享先……今人以是日祀祖，通行南北。"

（三）盂兰盆会

"盂兰盆"为天竺语，意为"解救倒悬"。传说释迦弟子目连见其母在地狱倒悬，求佛超度。释迦要他在七月十五日备百味果食，供养十方僧众，使其母解脱。于是形成盂兰盆会。

盂兰盆会历史悠久。《荆楚岁时记》："七月十五日，僧尼道俗悉营盆供诸佛。"关于这个节日的来源，有许多记载。清黄斐默《集说诠真·目连记》："傅罗卜，南耶王舍城人，父名相，母氏刘，合家向茹素。相卒，刘氏弟来，谆劝开斋……刘开斋，死于地狱。罗卜削发为僧，改名目连。一日禅定，见母在地狱，立往寻之，奈乍至第一重地狱，刘氏已解往第二重，尾蹑之，至第六重。值四月八日狱主赴会，致押解稽迟，目连获晤母，遽饷以所携乌饭，被饿鬼顷刻攫尽。鬼使又将刘氏押入第七重。目连蹑至第十重，知母已投生为郑官家犬，访得之，见犬向伊摇尾哀嗥，并衔其衣。目连悟，输赀买归，事以母乳。七月十五日设盂兰盆会，超度伊母，遂奉玉帝封刘氏为劝善夫人。"《东京梦华录》卷八："七月十五日中元节，先数日，市井……及印卖《尊胜目连经》。又以竹竿斫成三脚，高三五尺，上织灯窝之状，谓之盂兰盆……构肆乐人，自过七夕，便搬演《目连救母》杂剧，直至十五日止，观者倍增。"

（四）放河灯

七月十五日还有一项重要活动，就是放河灯。《酌中志》："十五日中元，甜食房进供佛波罗蜜，西苑作法事，放河灯。京都寺院，咸做盂兰盆，追荐道场，亦放河灯于临河去处也。"起初放河灯是由寺院兴起的，后来传入民间。清代放河灯是很壮观的。《京都风俗志》："七月十五日为中元节，俗传地官赦罪之辰，人家上坟奠生人，如清明仪；僧家建盂兰盆会，诵经斋醮，焚化纸船。谓之'法船'，认为渡出冥孤独之魂。市中买各种花灯，皆以纸作莲瓣攒成，总谓之莲花灯，亦有卖带梗荷叶者，谓之荷叶灯。晚间，小儿三五成群，各举莲花荷叶之灯，绕巷高声云：'莲花灯，莲花灯，今天点了明天扔。'或以短香遍粘蒿上，或以大茄满插短香，谓之蒿子灯、茄

中元节——放河灯　剪纸　山东泰安　卢雪作

子灯等名目。此燃香之灯，于暗处如万点萤光，千里鬼火，亦可观之。"江苏吴江有一个放水灯节，就是江南放河灯的盛会。另外，卖纸灯的也很盛行。不难看出，放河灯是一种宗教仪式，目的是"度出冥孤独之魂"，也是一种驱鬼活动。它以斋孤、普度的形式，使孤鬼、野鬼获取一种安慰，以免扰乱活人，保证祭祖活动的正常进行。祭祖不仅是一种缅怀祖先的仪式，人们还通过祭祖祈求五谷丰登。

祭祖有两个方面：一方面是在家内或祠堂为祖先烧香、上供，合家叩拜祖先。福建畲族在祭祖时，还挂出"祖图"，这是叙述该族图腾及姓氏演变历史的长卷画。人们在祭祖活动中，要重温祖先业绩，对族人进行族规、风俗教育。畲族也利用祭祖举行成年仪式。另一方面是上坟，包括为坟墓添土、烧香、上供、压钱等。

除祭家庭祖先外，对野鬼、孤魂、煞神也给予一定关照，烧煞神钱，否则认为他们会给人们带来麻烦。江浙地区每逢七月十五沿街设案，搭成孤鬼台，挂旗设案，供有孤鬼牌位，供品有三牲、鲜果、菜、酒，请道士作法，晚上放河灯。在有些农村还清除路边杂草，以便让野鬼通行无阻，称"祭孤魂"。现在有些地方毫无时间限制地随意放河灯，实为娱乐和游戏；个别地方还举着"放河灯，祭先烈"大旗，误导民众对放河灯的真正理解，这种数典忘祖的做法，势必贻笑大方。

畲族祖图　浙江

中秋节

ZHONGQIUJIE

中秋节，又名月节、月夕、端正月、八月半、仲秋节、团圆节。中秋赏月在唐代已经很流行。在古典小说中流传有"唐王游月宫"的故事。到了宋代，八月十五日就定为了中秋节。

（一）祭月

民间视月为神，称月神、月姑、月宫娘娘、太阴月光神，或称月神为嫦娥，因此有系列祭月活动。《燕京岁时记》："京师谓神像为神马儿，不敢斥言神也。月光马者，以纸为之，上绘太阳星君，如菩萨像，下绘月宫，及捣药之玉兔，人立而执杵。藻彩精致，金碧辉煌，市肆间多卖之者。长七八尺，短者二三尺，顶有二旌，作红绿色，或黄色，向月而供之。焚香行礼。祭毕，与千张、元宝等一并焚之。"

过去祭月，都把月神、纸马烧掉，其中包括纸马上的月宫、玉兔。后来为了给孩童留下一种记忆、一种玩具，从明末开始，人们又塑造一种泥塑——兔爷。兔爷

月光马　纸马年画　北京　王树村藏

兔儿爷　泥彩塑　北京　双起翔作

一经出现，就成为儿童喜闻乐见的玩具，也成为中秋节的一种文化符号。

拜月的方式很多，或者向月跪拜，或供月光神马，还有以木雕月姑为偶像，但都把神像供在或挂在月出的方向，设供案摆供品。北方多供梨、苹果、葡萄、毛豆、鸡冠花、西瓜，南方则供柚子、芋头、香蕉、柿子、菱角、

果仙敬月图　年画　天津杨柳青

花生、藕等。当月亮升起来后，烧头香，妇女先拜，儿童次拜。谚语云："男不拜月，女不祭灶。"但是有些地方男子也拜月神。老年妇女在拜月时，还念道："八月十五月圆，西瓜月饼敬老天，敬得老天心喜欢，一年四季保平安。"

拜月后，烧月光神马，撤供，祭拜者可分食供品。《中华全国风俗志·江苏》："中秋夜，妇女盛装出游，互相往还，或随喜尼庵，鸡声喔喔，犹婆娑月下，谓之走月亮。"

当天晚上老人还给儿童们讲有关月亮的故事，如嫦娥奔月、玉兔捣药、吴刚砍桂树、唐王游月宫等。这些传说在民间剪纸中均有反映。由于月神属女性，她自然主宰人间婚姻。民间称媒人为"月下老人"，即来源于月神信仰。

（二）月饼

八月十五日要食月饼。民间有一种传说：原来各户都住一个鞑子，在家作威作福，无恶不作。人们实在忍受不了，约定在八月十五一齐动手杀死鞑子，就将这个密约写在纸上，夹在月饼内，互相赠送。后来大事已成，八月十五吃月饼的风俗也保留下来。不过文献记载在元代以前就有月饼了，可见上述传说不可信。宋代的《武林旧事》一书中已提到月饼。《西湖游览志余》卷二十："八月十五日谓之中秋，民间以月饼相遗，取团圆之意。"《燕京岁时记》："届中秋，府第朱门皆以月饼果品相馈赠。至十五月圆时，陈瓜果于庭以供月，并祀以毛豆、鸡冠花。是时皓月当空，彩云初散，传杯洗盏，儿女喧哗，真所谓佳节也。"在各地月饼中，以广式、苏式、京式最为有名。山东民间把各户的月饼摆出来，让小孩一边吃一边唱，比较各户月饼的优劣。

吃月饼的意义，一般都认为是取团圆之意，象征合家团圆。但是就原来的

意义来说，可能是拜月的供品和人们的节日食品。由于人们在节日中强调血缘家族团结，后来月饼才兼有团圆饼的意义。

中秋节还有一种地方性饮食，在东南沿海吃糖芋艿。传说有一次戚继光抗倭，一支队伍被困，弹尽粮绝，就在山里挖野芋艿充饥，后来全歼倭寇。这一天正是中秋节，戚继光为了纪念阵亡将士，称芋艿为"遇难"，民间就留下了中秋吃糖芋艿的风俗。

（三）兔爷

中秋节有一种重要玩具是兔爷，它与祭月有密切关系。兔爷以泥制成，多为模型制作，配耳，施色，有些还描金。大者一米左右，小者仅约十厘米。形象为粉白脸，金盔，披战袍，左手抱臼，右手拿杵，背插伞或旗帜，底座为虎、鹿、狮子、骆驼或莲花。传说月中有蟾，屈原《天问》就有月蟾记载。到了汉代，月中除蟾外，还有兔，又称玉兔、金兔、蟾兔。汉晋以来传说月中有

八月月饼馅芝麻　细纹刻纸　浙江乐清　陈余华作

兔儿爷　泥彩塑　北京　双起翔作

桂树，唐代又有吴刚砍桂树的传说。因此，民间在祭月时，总是与祭兔联系起来，甚至还单独祭兔。在北京地区制作精美的兔爷，作为中秋节的吉祥物，也是儿童的玩偶。此外还有兔爷、兔车之戏。

（四）土地神

土地神，又称土地爷、社神。《重修纬书集成·孝经·援神契》："社者，五土之总神。土地广博不可遍敬，故封土为社而祀之，以报功也。"这种神起源于自然崇拜，后来加以人格化。道教也信仰土地神，称太社神、太稷神、土翁神、土母神等。相传八月十五日为土地神生日，又是秋收之后，因此祭土地神成为中秋节的活动内容之一。在东南沿海地区，居民以海洋谋生，相信海潮也为神，过中秋时有观海潮祭潮神风俗。《中华全国风俗志·浙江》："八月间，郡人有观潮之举。自八月十一日为始，至十八日最盛……是日士人云集，上下十余里间，地无寸隙，伺潮上海门，则有泅儿数十，执绿旗，树画伞，踏浪翻涛，腾跃百变，以夸其技能，豪民富客争赏财物，其时优人百戏，击球斗扑。"

由于当天为众神下凡之日，又有许多降神占卜巫术活动。主要有：

请篮神。又名篮姑，民间女神之一，由女人主祭。请篮神时，在屋内选一黑暗角落，置一竹筐，外围以女人衣，筐内放一椰子壳，作为篮神的替身。前放一矮凳，妇女唱"请篮歌"：

请篮姑，请篮姑，你系佛山人氏女，你系省城人氏娘，家婆严令吞金死，丈夫严令早辞阳。

如果降神，竹筐即向矮凳叩头答之。

请桌神。这个仪式男女均可主持，取一碗，盛满水，然后把一个四角桌反放在碗上。在桌子四角旁各站一人，他们以左手指轻按桌脚，右手持香圈其桌脚。念词曰："桌神绕绕转，四人绕绕转。"不久，桌子就转动起来，四个人也跟着跑，而且越来越快，他们坚持不住时，可由其他人代替。

（五）秋季游戏

中秋节秋高气爽，人们在节日期间有许多游戏。首先是夜晚赏月、赏莲、划船串月，妇女也栽花、戴花，"愿花常好"，"愿月常圆"。此时枣树结实，儿童多摘青枣四枚，制成枣磨玩，俗称"猪推磨"。其次，是斗蟋蟀。这项活动，无论老少都爱不释手，其中的"九子斗蟋蟀"具有求子之意。养蝈蝈也是秋天的重要活动。此外还有歌舞、杂技等内容，如广东梅县在中秋节举办山歌节，纪念歌仙刘三妹。海南儋县有一种八月会，人们聚会，唱歌，交换月饼，通宵达旦。

全国各地都有一些中秋游戏。《中华全国风俗志·江西》：临过"中秋夜，一般小孩子野外拾瓦片，堆成一圆塔形，且有多孔。黄昏时，于明月下，置木柴塔中烧之。俟瓦片烧红，再泼以煤油，火上加油，霎时四野火红，照耀如昼。直至夜深，无人观看，始行泼息，是名烧瓦子灯"。同书又载：安徽绩溪中秋节，"十数儿童，以稻蒿扎成中秋炮。形似发辫，长约五尺，粗盈握。浸于水中数分钟，再拿起向石上打击，如放炮之声，名曰打中秋炮。"还有一种叫走田野。《中华全国风俗志·安徽》：寿春"八月十五夜，妇人设瓜果团饼于庭院拜月。小儿执火炬，相与结队走田野。以摘取果豆等物，谓之模模"。这种风俗与各地中秋摸瓜相似，有求子的含义。

中秋之日，也是求子的良机。《东京梦华录》卷八："八月秋社……人家妇女皆归外家，晚归，即外公、姨舅，皆以新葫芦儿、枣儿为遗。"葫芦多子，象征多子多孕，所以葫芦是求子的吉祥物。民间常常还把葫芦挂在床上，作为求子象征。更普遍的求子方法是中秋送瓜求子，湖南就有此俗。《中华全国风俗志》卷六："中秋晚，衡城有送瓜一事。凡席丰履厚之家，娶妇数年不育者，则亲友举行送瓜，选数日于菜园中窃冬瓜一个，勿令园主知之。以彩色绘成面目，衣服裹于其上如人形，举年长命好者抱之，鸣金放炮送至其家。年长者置瓜于床，以被覆之，口中念曰'种瓜得瓜，种豆得豆'，受瓜者设盛筵款之，若喜事然。妇女得瓜后即剖食之。"民间也常在中秋贴"麒麟送子"等剪纸。

小孩生下后，也有不少节日风俗，如湖北在八月节为小儿点天灸，可防疾病；成年人戴锦缎缝制的眼明囊，可以防患眼疾。

麒麟送子　剪纸　陕西安塞　余泽玲　作

重阳节

CHONGYANGJIE

重阳节，又名九月九、重九、茱萸节、菊花节。重阳节起源于秋游祛灾风俗，后来才演变为重九节，并受道教一定影响。中国以九为阳，故曰重阳节。南朝梁吴均《续齐谐记·九日登高》："汝南桓景随费长房游学累年。长房谓之曰：'九月九日，汝家中当有灾，宜急去，令家人作绛囊，盛茱萸以系臂，登高，饮菊花酒，此祸可除。'景如言，齐家登山。夕还，见鸡犬牛羊，一时暴死。长房闻之曰：'此可代也。'今世人九日登高饮酒，妇人带茱萸囊，盖始于此。"这段记载生动地描述了重阳节的起源。

（一）登高

登高是一种古老的活动，起源于狩猎活动，后来演变为娱乐活动。《梦粱录》卷五："日月梭飞，转盼重阳……是日'孟嘉登龙山落帽，渊明向东篱赏菊'。正是故事。"

北京地区登高比较盛行。《燕京岁时记》："京师谓重阳为九月九，每届九月九日，则都人提壶携榼，出郭登高。南则天宁寺、陶然亭、龙爪槐等处，北则蓟门烟树、清净化城等处，远则西山八刹等处。赋诗饮酒，烤肉分糕，洵一时之快事也。"

重阳节——登高下棋　剪纸　山东泰安　卢雪作

　　重阳节后就到霜降了，因此人们喜争先恐后在霜降前上山采药材、挖野菜和狩猎，从而形成了登高风俗。北京有以攀登香山鬼见愁峰为乐之习，一在山高，二是秋高气爽。到西山看红叶，现在已成为旅游的重要形式。

（二）插茱萸

　　民间认为九月九日也是逢凶之日，多灾多难。清董含《薄乡赘笔》："今人逢九，云是年必多灾殃。"因此必须在重阳节插茱萸以辟邪。

　　茱萸是一种中草药，香味浓，有驱虫去湿、逐风邪的作用，能消积食，治寒热。插茱萸来源极为古老。汉刘歆《西京杂记》卷三："九月九日佩茱萸食蓬饵，饮菊花酒，云令人长寿。菊花舒时并采茎叶，杂黍米酿之，至来年九月九日始熟，就饮焉，故谓之菊花酒。"在头上插茱萸，在室内悬挂茱萸可避疫，在房前屋后种茱萸，也有"除患害"之效。在井边种茱萸，茱萸落在井水中，水又有去瘟病的作用。由此看出，人们把茱萸看作灵物，视为药物。唐代诗人王维在《九月九日忆山东兄弟》中说：

　　独在异乡为异客，
　　每逢佳节倍思亲。
　　遥知兄弟登高处，
　　遍插茱萸少一人。

　　重阳节还举行迎神逐疫、大送船、迎经魁等活动，以示消灾祛疫。

胶东地区农村多在重阳节祭财神。山东还有祭范仲淹的活动。各种手工业、作坊业祭祀自己的行业神，如酒坊祭杜康，染坊祭梅福或葛洪，祈求手工业生产顺利。

（三）赏菊

赏菊是重阳节的活动之一。菊花又名黄花，属菊科，可作饮料也是药物。历代文人对赏菊多有记载。陶渊明《九日闲居》诗序："余闲居，爱重九之名。秋菊盈园，而持醪靡由，空服九华，寄怀于言。"

除了陶渊明的菊花诗外，黄巢也写过《菊花》诗：

待到秋来九月八，

我花开后百花杀。

冲天香阵透长安，

满城尽带黄金甲。

宋代菊花种类甚多。《东京梦华录》卷八："九日重阳，都下赏菊，有数种：其黄、白色蕊若莲房曰'万龄菊'，粉红色曰'桃花菊'，白而檀心曰'木香菊'，黄色而圆者曰'金龄菊'，纯白而

四季花瓶——菊 年画 陕西凤翔 邰立平作

大者曰'喜容菊'，无处无之。酒家皆以菊花缚成洞户……"

清代赏菊又有发展，出现菊花大会。《燕京岁时记》："九花者，菊花也。每届重阳，富贵之家，以九花数百盆，架度广厦中前轩后轻，望之若山，曰'九花山子'，四面堆积者，曰'九花塔'。"

菊花不仅有观赏价值，也是重阳节的饮料。《太清诸草木方》："九月九日采菊花与茯苓、松柏脂，久服之，令人不老。"重阳节酿制的菊花酒就是一种节日健身饮料。

（四）娱乐

重阳节的娱乐活动有围猎、射柳、放风筝、举重阳旗等。

《燕北杂记》："辽俗，九月九日打围，瞎射虎，少者为负，输重九一筵席。射罢，于地高处卓帐饮菊花酒，出兔肝生切，以鹿舌酱拌食之。"满族此时的狩猎活动为秋猎。过去还有重阳习射，目的是讲武习射，像汉族立秋之礼，后来失传，但还为朝鲜族所保留，如"重阳习射图"就是例证。赛马也是北方过重阳节的活动之一。《燕京岁时记》："钓鱼台在阜成门外三里，有行宫一所，南向，每届重阳，长安少年，多于此处赛马。"

放风筝也是重阳节的重要娱乐活动，因为当时秋高气爽，清风较多，最适合放风筝娱乐。南方称纸鹞，北方称纸鸢，其历史悠久。最早的风筝是一种去邪巫术，后来才演变为游戏活动。《吴友如画宝》中就有"纸鸢遗兴图"，并附有说明："闽中风俗，重阳日都人士女每在乌石山、于山、屏山上竞放风筝。"民间也把小儿骑牛放风筝作为"青云得路"的吉祥图案。

此期还流行步打球、蹴鞠等活动，其中的蹴鞠就是足球运动，世界公认中

十美图放风筝　年画　天津杨柳青

国是足球的发源地。斗蟋蟀也很盛行。在广州地区还流行一种"重阳桀石"，即由数以百计的小孩子，分为两队，以投石、打仗为游戏。

重阳节的饮食以吃糕驰名。江苏民间有两个重阳节：九月初一为小重阳，或九月初十为小重阳，必须吃糕；九月九为大重阳，除吃糕外，还设宴。北方则过九月九日，也吃重阳糕。

《东京梦华录》卷八记载："九月重阳，都下赏菊……都人多出郊外登高，如仓王庙、四里桥、愁台、梁王城、砚台、毛驼冈、独乐冈等处宴聚。前一二日，各以粉面、蒸糕遗送，上插剪彩小旗，掺钉果实，如石榴子、栗黄、银杏、松子肉之类。又以粉作狮子蛮王之状，置于糕上，谓之'狮蛮'。"重阳节多饮杜康酒、菊花酒。

目前，中国已确认重阳节为老人节。其实民间很早就在重阳节期间供奉寿星、麻姑，认为这些神灵是长寿的保护神。重阳节为中国人的老人节，这是有原因的。中国民间姑娘外嫁，要在九月九日回娘家，孝敬老人、双亲，这是其一；其二，重阳节为二九相逢，九与久同音，是长命象征。以重阳节为老人节、敬老节，有利于发扬尊老爱幼的民族传统。

明代陈洪绶《麻姑献寿图》

冬至节

DONGZHIJIE

冬至节，又名冬节、大冬、亚岁。曹植《冬至献袜履表》："亚岁迎祥，履长纳庆。"因此又称冬至节为履长节。

中国古代以二十四节气计时间。冬至为二十四节令之一，即在大雪后的第十五天，斗指子为冬至。此日北半球白天最短，夜间最长，是一年中最为寒冷之日，标志冬尽春来，是冬春转变之日。

冬至节已有相当悠久的历史。周代建制，以十一月为正。秦代沿其制，也以冬至为岁首，故把冬至视为过年。汉代称冬至为冬节，官场互相庆贺。南北朝时仍称冬至为亚岁或岁首。

冬至节的主要活动是祭天、送寒衣、绘制九九消寒图，节日饮食具有冬季饮食的特色。

（一）祭天

古代对天的信仰是比较突出的，特别是皇帝、君王自视为天神之子以后，天神地位上升到极点，因此遇事必告天，称"郊祀"，因为在郊外祭祀而得名。原始信仰认为夏霜、冬雪、风霾、流星、彗星、日食、月食、水旱、红雨、地震等异常现象，全都是天神所为，也是天神对人世的惩罚。人们为了摆脱天神的惩罚，必须祭祀天神，祈求平安。所谓天神，不仅是指玉帝，也包括重大天象所形成的神灵，如雷公、电母、雨神、风伯等，也列为祭天内容。作为天神的代表，天子皇帝必须认罪于天，也依仗天神维护自己的统治。因此历代王朝都举行隆重的祭天大典，把它列为国家的宗教祭祀活动之一。

天属阳，地属阴，故祭天在南郊，祭地则在城北。《梦粱录》卷六："十一月仲冬，正当小雪、大雪气候。大抵杭都风俗，举行典礼，四方则之为师，最是冬至岁节，士庶所重，如馈送节仪，及举杯相庆，祭享宗裸，加于常节……此日宰臣以下，行朝贺礼。士夫庶人，互相为庆。太庙行荐黍之典，朝廷命宰执祀于圜丘。官放公私僦金三日。车驾诣攒宫朝享。"

明清两代皆在北京南郊天坛祭天。天坛建于明永乐十八年（1420）。中央为祈年殿、皇穹宇和圜丘，东北为牺牲所，西南为斋宫。祭天前一天，皇帝移驾斋宫，进行沐浴。第二天在圜丘举行祭天大礼，所用牛、羊、猪、鹿是在牺牲所专门饲养的。清代皇帝祭天时，必须穿祭服，请神牌，太常寺堂官奏请行礼。此时典仪官要唱"燔柴迎帝神"。在东南燔柴炉生火，西南方悬望灯，乐队齐鸣。祭天仪式极为繁琐、复杂、隆重。清代诸皇帝每年都祭天，祈求天神保佑，国泰民安。

祭天在少数民族中也流行。冬至节晚上满族家庭在院内铺席，摆供桌，挂"天地祃儿"，杀猪祭祀。同时祭祀祖先，在院内立祖先竿子。竿顶为葫芦

天地全神　神马画　河南开封

状，下有"刁斗"。祭祀毕，众人吃白肉。猪肠和猪尿泡则丢在刁斗上，任鸟来吃。云南纳西族也有隆重的祭天礼仪。

（二）送寒衣

在冬至节活动中还有上坟烧纸、送寒衣等风俗。所谓送寒衣，就是为已故的祖先送去御寒的衣服。过去在民间信仰看来，人有人世，死人有鬼世。已故亲长虽然躯体已经死亡，但灵魂还在鬼世生存，不同季节需要不同的饮食、服装，尤其秋尽冬来，鬼魂也是很怕冷的，所以才流行送寒衣，这是怀念祖先的一种表现。台湾地区为死人烧的冥物，除纸钱外，多有纸制衣帽、用具，显然也是送寒衣的一种遗俗。在江南一些地方有一种特殊的风俗，在黑夜把老人的朽棺烧掉，然后把遗骨移入陶瓮内，称当天为"棺材天"。这实际是一种扫墓活动，只是利用这个机会举行二次葬，由土葬改为瓮棺葬。

冬至不限于祭天神和祖先，还有一系列神灵崇拜活动。例如：

相传冬至前夕为鬼节，是孟姜女哭长城的日子。《列女传·齐杞梁妻》："杞梁之妻无子……既无所归，乃枕其夫之尸于城下而哭……十日而城为之崩，既葬……遂赴淄水而死。"这是有关孟姜女的传说，到唐代又有发展。民间传说十月一日鬼节即来源于此。

河南有一个传说，认为冬至是地府阎王的清明节，此时让鬼出来放风。过了这一天，阎王又要把鬼招回去，称"收鬼"。因而在冬至节一定要祭祀阎王，祈求他把鬼招回地府，否则人间难以太平安宁。同时要为鬼

孟姜女哭夫　年画　陕西神木

烧冥花。

广东东莞在冬至节有逛城隍庙会，拜十二奶娘神，祈求得子。近人容媛《东莞城隍庙图说》："十二奶娘，俗传求子有应。又说不孕育的妇人在城隍庙顺手取线香一把，燃着后分插于十二奶娘神像前的香炉上。周而复始将线香插完，看最后的一支香，插在哪一位前。如果这位奶奶是抱子的，须用红绳一条系拴住她的手，便示可得子。"

此外，在河南、山东等地还有冬至祭孔活动，其他地方则有文昌驱疫之举。

（三）消寒图

冬至节以后，天气就进入"数九天"了。经过八十一天才能迎来明媚的春天。《西湖游览余志》有一首"九九消寒歌"：

一九二九，召唤不出手。

三九二十七，篱头吹觱篥。

四九三十六，夜眠如露宿。

五九四十五，太阳开门户。

六九五十四，贫儿争意气。

七九六十三，布纳两头担。

八九七十二，猫狗寻阴地。

九九八十一，犁耙一起出。

除"九九消寒歌"外，还有一种

文字版九九消寒图

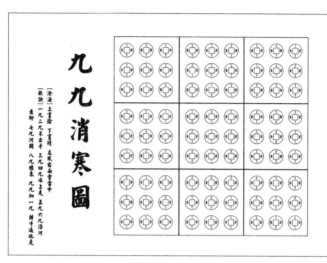

圆圈版九九消寒图

"九九消寒图"，具体有三种形式：

　　该图由九个文字组成，通常为"庭前垂柳珍重待春風（风）"，或者是"雁南飛（飞）柳芽茂便是春"。以上诸字皆为九画，双钩，合起来共八十一画。一般是画或印在纸上的，每画都中空，以其计算时间。每过一天，就画一画，即在空心画上涂上红色，所用笔画涂尽，皆全为红色字，就迎来了春天。

　　《帝京景物略》卷二："有直作圈九丛，丛九圈者，刻而市之，附以九九之歌，述其寒燠之候。"即在一张纸上，印八十一个圆圈，旁边写好日期。每天画一圈，画尽就"出九"了。当天阴则涂上半圈，晴则涂下半圈，风天涂左半圈，下雨天涂右半圈，降雪则涂中央。

　　《帝京景物略》卷二："日冬至，画素梅一枝，为瓣八十有一，日染一瓣，瓣尽而九九出，则春深矣，曰'九九消寒图'。"这种图是在白纸上画

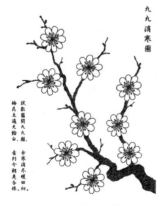

梅花版九九消寒图

一枝梅花，计有九朵，每朵九瓣（梅花原仅五瓣），共有八十一瓣，每天画一瓣，素梅变红梅就"出九"了。

此外，还有鱼形消寒图、蒸气消寒图、泉纹消寒图、葫芦消寒图、四喜人消寒图等等。

（四）冬令饮食

冬至节有自己的饮食。北方谚语："冬至饺子夏至面。"认为冬天冷，耗热量多，应该多吃有营养的食品。常吃的是饺子或包子，全家围桌而食，称"蒸冬"。福建在冬至节时做一种小粉丸子，祭祖后才全家享用。馄饨也是冬令食品之一，有些地方也吃饺子。据说有两种解释：一种认为是纪念药王张仲景；另一种认为吃了馄饨能防止冻掉耳朵，因为馄饨似耳，且有滋补营养作用。冬至节北方吃面食，南方则吃豆腐。当地民谚曰："若要富，冬至吃块热豆腐。"因为冬至是一年农事的完毕，来年农耕的前夜，人们要休整，吃点豆腐补补，同时进行选种。朝鲜族在冬至日必须吃冬至粥。汉族、朝鲜族在冬至节还喜欢吃狗肉，认为这是大补食品。

苏州在冬至前夕，要过冬至夜，全家吃团圆饭。家庭有出门者，也给他留一个碗、一双筷。饭前要祭祀祖先。团圆饭十分丰盛，有全鸡、全鸭、大青鱼、红焖蹄髈等。此外还饮冬至酒，这是由酒和糖制作的，老少均可饮用。冬至前后是旧时地主讨债之时，穷苦人往往出门讨饭，各地社仓则实行赈济。人们也喜欢扫雪煮茶，认为有助健身。

（五）冬季游戏

冬至节的娱乐活动也有一定特点，因为冬至前后正是冬天，又为农闲。在北方多从事冰上和雪上游戏，如堆雪狮、雪人、雪山、雪灯、打滑挞、打雪仗、溜冰、滑爬犁等。冬至也是进行冬猎之时，猎人多携猎物串亲访友，盛行闾里馈赠家庆瑞雪丰年。

江南还有一种饮食占卜游戏：一种是把米圆放在竹筛内，每次取两个，最后看剩下几个，如果剩一个米圆必然生子，剩两个米圆则要生女；另一种是把用糯米做的"冬节圆"就着火烤，如汤圆胀而不裂宜生男孩，如汤圆胀而裂开则为生女之兆。由此看出，人们将汤圆作为人的象征，并且通过占卜方法，祈求生育。

腊八节

LABAJIE

农历十二月初八为腊八节，又称腊日。古代人在年末时，以猎物祭神灵，俗称腊祭。之后，传说佛祖释迦牟尼在这天悟道成佛，为此亦称成道节。但是，腊八风俗由来已久，最初是祭祀祖先。《风俗通义·祀典》"腊条此《礼传》："夏曰嘉平，殷曰清祀，周曰大腊。汉改为腊。腊者，猎也，言田猎取禽兽，以祭祀其先祖也。"只是与佛教结合后，才改变了腊八节的性质。

（一）佛祖成道日

腊八，又被称为佛祖成道的佛教节日，腊八粥意为佛粥。传说在佛教创始人释迦牟尼削发为僧以后，苦于修行，在饥饿困境中，有幸得到一位牧羊女的搭救，并用大米奶粥解救其饥困，才使其得以修道成佛。此后，佛门为了祭颂此事，就借助每年的腊八之日举行各式浴佛活动，并施粥扬义，以示纪念。《东京梦华录》卷九："初八日，街巷中有僧尼三五人，作队念佛，以银铜沙罗或好盆器，坐一金铜或木佛像，浸以香水，杨枝洒浴，排门教化。诸大寺作浴佛会，并送七宝五味粥与门徒，谓之'腊八粥'。都人是日各家亦以果子杂料煮粥而食也。"对于腊八的起源，还有另外一些传说，在河南南阳腊月初五过吃五豆节，当天每家都用绿豆、黄豆、红豆、蚕豆、豌豆等做一锅粥。据说此俗先为欧阳修所为，进而传入民间。江苏溧阳认为腊八是岳飞在杭州遇害的日子，煮腊八粥是为了纪念岳飞。

腊月初八，吃腊八粥成为千家万户的习俗。今日的腊八粥和过去佛门熬的佛粥相比，更加色美味香，同时还象征吉祥福寿，喜庆丰收。《酌中志》云："初八日吃腊八粥，先期数日，将红枣捶破，泡汤，至初八早，加粳米、白米、核桃仁、菱米煮粥，供佛圣前。户牖、园树、井灶之上，各分布之。举家皆吃，或亦互相馈送，夸精美也。"

吃腊八粥，不仅有纪念和敬神的作用，食品本身也是健康食品。《本草纲目》中认为粥能"益气、生津、养脾胃、治虚寒"。宋张耒在《粥记》中说得更明确："每晨起，食粥一大碗，空腹胃虚，谷气便作，所补不细，又极柔腻，与肠胃相得，最为饮食之良。"

吃腊八粥，不仅成为民间过腊八节的突出饮食习惯，而且还效仿佛门施粥送福的做法，在亲友邻里之间相互馈赠，以示祝福。《民社北平指南》："（腊八）五更即煮，先祀祖供佛，后馈戚友。送粥时佐以各种蒸食及小菜。家畜之猫犬鸡雏，亦皆饲以粥。墙壁树木有以粥抹之者。"另外，旧时佛门还在腊八节时专给皇家、官府送粥，可见腊八粥也早已成为皇亲国戚的节日佳品，家喻户晓，尽人皆食了。

腊八是冬贮季节，各种食品便于贮藏，也是加工美味佳品的好日子，所以除食用腊八粥外，民间还喜欢在腊八腌制各种小菜。一是腌腊八蒜。近人沈太侔《春明采风志》："腊八蒜，亦名腊八醋，腊日多以小坛甑贮醋，剥蒜浸其中，封固，正月初间取食之，蒜皆绿，味稍酸，颇佳，醋则味辣矣。"另外是腌酸菜。《燕京岁时记》："大白菜者，乃盐腌白菜也，凡送粥之家，必以此为副菜之美恶，可卜其家之盛衰。"在陕北地区，过腊八必须用八种菜做腊八臊子面，这是一种热汤面，加八种菜，是腊八必食之物。陕西潼关、临潼地区则吃腊八辣椒汤面。

中国不少地方还喜欢在腊八煮酒，并饮之，称为腊八酒。

（二）驱疫

腊月初八逐疫，来源于古代的傩。傩是古代腊月驱逐疫鬼的仪式。《礼记》："傩，人所以逐疫鬼也。"高诱注："大傩，逐尽阴气为阳导也。今人腊岁前一日击鼓驱疫，谓之逐除是也。"商周至战国时期，上至天子，下至百姓，在腊月及其他时间，都有一系列傩仪，以便驱疫。汉代以后集中在腊八或除夕举行。《后汉书·礼仪志》："先腊一日大傩，谓之逐疫。其仪，选中黄门子弟年十岁以上，十二岁以下，百二十子为侲子，皆亦帻皂制，执大鼗，方相氏黄金四目，蒙熊皮，玄衣朱裳，执戈扬盾，十二兽，有衣毛角。"形式是在方相氏率领

鸡神　傩戏面具　湖南泸溪

下，十二神（兽）跳舞，一百二十个帐子边舞边歌，然后冲出宫门，举火把，把火把投掷于河，将疫鬼送走。《梁书·曹景宗传》："腊月，（曹景宗）宅中作野虎逐除。"唐代又称打野狐，傩仪又有改变，其中方相氏增至四人，帐子扩大到五百人。宋代的傩仪，方相氏、十二兽消失了，代之而起的是门神、将军、判官、钟馗、小妹、六丁、六甲、符使、神兵。后来演变为跳灶王，也为驱疫形式。张思《风土录》："腊月，丐胡装钟馗、灶神，到人家乞钱米，自朔日至二十四日止，名曰'跳灶王'。"

近代民间的傩有很多种，并且又兴起两种：一种是跳灶王，多由乞丐执行。《清嘉录》卷十二："（十二）月朔日，乞儿三五人一队，扮灶公灶婆，各执竹枝，嗓于门庭以乞钱，至二十四日止，谓之'跳灶王'。"跳灶王既有驱疫作用，又是乞丐讨钱的黄金季节。山东临朐地区在当天煮粥施舍给乞丐，认为可以积德成善，转危为安。另一种形式是所谓击腊鼓。现在，人们都知道一句谚语："腊鼓鸣，春草生。"其实这种催春之记录由来已久。《荆楚岁时记》："十二月八日为腊日。谚言：'腊鼓鸣，春草生'。村人并击细腰鼓，戴胡头，及作金刚力士以逐疫。"《燕京岁时记·太平鼓》："儿童三五成群，以藤杖击之，鼓声冬冬然，环声铮铮然，上下相应，即所谓迎年之鼓也。"从中看出，腊八击腊鼓，戴面具，驱疫催春。少数民族地区的傩戏就更多了。

人们在祈神、驱疫的同时，也利用符咒驱邪，如贴钟馗出猎图，在室内贴符画。

此外，浙江地区还在腊八祭万回。《铸鼎余闻·西湖游览志》云："宋时杭城，以腊日祀万回哥哥，其像蓬头笑

和合二仙　泥塑　江苏无锡　王南仙、喻湘涟作

面，身着绿衣，左手擎鼓，右手执棒，云和合之神。祀之人在万里外可使回家，故曰万回。"万回本为唐代一僧人，姓张，民间称万里寻兄。唐代已信仰，认为万回能预卜休咎，排难解纷，后为欢喜神。清代雍正以后，封唐代诗僧——寒山、拾得为"和合二神"。因此万回又由一神演变为二神，在民间年画中屡见不鲜。

（三）冬令游戏

冬至期间的游戏，除了雪戏外，还有适于冬季室内游玩的玩具，如民间的抓子，就是少女的重要玩具。成年人则喜欢围着火盆，玩耍九连环，这是一种传统的益智游戏。室外活动则多抖空竹。《燕京岁时记》："空竹者，形如车轮，中有短轴，儿童以双杖系棉线播弄之。俨如天外晨钟。"此季节常下雪，三白告丰年。旧时大家闺秀则出门赏雪景，踏雪吟诗。

（四）办年货

一般民众家庭平时再穷，也要把除夕过好，为此要进行一系列准备活动。主要有：首先，是打扫庭院，进行扫除，把家里家外都清扫得干干净净，为过节准备一个好的环境。其次，是做年节食品，如杀年猪，灌血肠，做豆腐，蒸年糕，炸面货，因为从除夕到正月里，一般是不大动烟火的。再次，是办年货。出门前必开列一张年货单，如红纸、神马、香烛、点心、糖果、皇历、灶王爷、玩具等，还要给小孩儿买新衣、鞭炮。城内可去商店办年货，乡下人则到集镇办年货。这是过年时的重要一环。

年货食品有素什锦等等。其中的鱼是做而不吃的，象征年年有余，顿顿吃不完。素什锦又名十香菜、寒素菜，由豌豆、花生、黄豆芽、干丝、胡萝卜丝、木耳、金针、酸菜、嫩姜丝等，用香油调料拌制而成。此外还有饺子。饺子，又称小饽饽、更年交子，象征金银小锞、元宝，所以全国大部分地区都在除夕时共食，即"天下通食"。商人在煮饺子时，还要捅破一两个，并高喊"挣了"，以求新春生意兴隆，财源大开。很多过年食品具有象征意义，如福建、台湾饮食中的鱼圆象征家庭团结；萝卜为菜头，意为"好彩头"；整只鸡代表金鸡起家；吃蚶说明发财发福等等。这是除夕午夜和初一食用的。年夜饭还要饮屠苏酒。清代宫廷宴请百官及各地民族首领，如清廷在保和殿请诸外番蒙古就为一例。

过小年

GUOXIAONIAN

过小年，又称小年节，其实就是祭灶、送灶、辞灶，古代为五祭之一。主要活动有送灶神、迎玉皇、扫除、贴门神、驱疫等活动。

（一）送灶神

从宗教学来说，有灶才有灶神，但是灶是较晚出现的，在灶之前应有火神，因此，文献记载最早的灶神是火神。《礼记·月令》："孟春之月，其帝炎帝，其神祝融，其祀灶，祭先师。"中国古代奉祝融为火神，民间多建有火神庙，所谓"祝融娶妇"，就是祭祀火神的遗风。继火神之后，还有一种火塘，它比灶更原始，在少数民族地区比比皆是，当地专供火塘神，后为人格化的灶神。唐段成式《酉阳杂俎·前集》卷十四："灶神姓隗，状如美女。又姓张名单，字子郭。夫人字卿忌，有六女皆名察洽。常以月晦上天，白人罪状。"传说后汉阴子方在腊日做早饭时，见灶神现形，他家贫，只有黄羊，便用来祭祀。后来他富裕起来，就改夏天祭灶为冬天祭灶，仍用黄羊做祭品。在山东还有两种灶神传说：一是认为黄帝死后，被玉帝封为灶神。二是有一富有之家，姓张，其妻郭丁香，后休妻，又娶刘海棠。他坐吃山空，遇火灾后，双目失明，乞讨于前妻家，自惭形秽，碰灶而死。后封为灶神，于是有了灶王爷、灶王奶奶。在当地还有一男二妻的灶神像，即来源于此。无论怎么说，最初的灶神为一个人，先为女性，后为男性。随着一夫一妻制的流行，人们在塑造灶神时，也有了男、女灶神，甚至又出现了一夫多妻的灶神。

送灶，又称祭灶。祭灶时间有两种说法：一种以地区划分，北方在腊月二十三日，南方在腊月二十四日。另一种说法是"官三、民四、疍民五"，即官府腊月二十三日祭灶，百姓在腊月二十四祭灶，沿海疍民（渔民）在腊月二十五日祭灶。《点石斋画报·跳灶盛典》："十二月初一为始，礼部饬太常寺速送乐工四十名，每日中刻齐集扮演灶君，涂面挂须，头戴顶盔，身穿各色彩服，手舞足蹈，名谓跳灶……以备十二月二十四日斋赴内廷御膳房跳舞，恭送司命灶君。"主祭人多为男性家长。

祭灶前夕，要把旧年的灶神像取下来，晒干，以利祭灶上天时焚烧。同时要准备祭品。这时讨饭人以松、柏、冬青、石榴等树枝扎成小把，沿街叫卖，供祭灶使用，俗称送灶柴。家家户户购送灶纸轿，还购买灶神像，并以秫秸编马、狗诸物。供品有猪头、鱼、豆沙、粉饵、瓜、果、水饺、麦芽糖和关东糖等。祭灶有祈灶神"上天言好事"之意。《中华全国风俗志·辽宁》记载，辽阳祭灶时，在"天色昏黑后，取茶杯二，置诸灶突之上，一盛水，一盛草料，持扎成之马、狗，以其喙向杯中，作饮食之状。复将灶王供于杯前，燃香致敬。逮至星斗满天，香将燃尽，一人取爆竹一枚，燃于院中，一人将灶王犬

灶王爷　神马画　河南开封

马等物，聚于一处，以火焚之。复以皂糖少许，沾于锅灶口上，谓之糊灶王口，盖恐灶王升天，奏出恶事。"

祭灶时请灶神坐轿子升天，所以祭灶前夕，大街小巷内常有卖灶轿子的，还有灶元宝，并且唱祭灶歌。山东祭灶歌曰：

灶王灶王，你上天堂，多说好，少说坏，五谷杂粮全带来。

吉林永吉地区的祭灶歌为：

灶王爷，本姓张，今天是腊月二十三。骑着马，挎着筐，秣秸草料备停当。送你老人家上西天，人间好事要多说，明年下界降吉祥。

河南泌阳祭灶时，剪一灶神像，贴在灶前，俗称给灶王穿新衣服。又剪两纸马，一贴在灶王头上，供回宫时骑用；另一在送灶时焚之，供上天时骑乘。家长主祭时，派一男孩抱一公鸡，向草堆中扔去，且向鸡淋水，如果鸡惊起，就说明灶王已骑马走了。

祭灶的目的，是通过灶神上天述职，祈求家庭平安，"上天言好事，下界保平安"。也有求子的内容，民歌唱道：

腊月二十三，灶王上西天。

多说好来少说歹，马尾巴上带个胖小子。

有些地区还借助祭灶驱疫治病。《中华全国风俗志·江苏》："常熟风俗，四五岁下之孩童，第一次患疟疾，谓自胎疟，须由外祖母遣人来，向家灶上祭祀一番，病始得愈。其祭祀之法，由外家备灶马两个及香烛、阡阮、素盘、水果、糕饼等物。遣人持至病家灶间，须一径走入，不能和人接谈，将两灶马背与背相接，置诸大镬盖上。各种祭品，陈列于前。祀毕，将灶马与阡阮焚化，携饼一个，直向外走，亦不得与人接谈，口中但云：'我以后不再来了。'既出门，将所携之饼，掷以饲犬。其意若曰：'将病传之于犬也。'祀灶所余之物，亦须立时食尽，盖谓'吃得快，好得快也'。"上述祭灶也是行转嫁巫术，把小孩的疟疾传给狗。民间认为灶神是家庭的保护神，故有"事神不如祀灶"。灶神被看作最重要的家神。

送灶在腊月二十三或二十四日，待除夕或初一再将新购买的灶神像贴上，谓之"迎灶"。南方民谚说："二十四日上天去，正月初一下界来。"其实，在腊月二十三取下灶王神马后，多数并不等到正月初一才把新灶神贴上，通常在除夕就把灶神及其对联就供奉在灶台上方了。

如果说灶神在腊月二十三上天向玉皇述职，报告民间善恶，那么过了两天腊月二十五日，玉皇就要亲自下凡，视察人间善恶，于是又有"迎玉皇"之举。

陕西关中农家厨房供的灶王爷之位

（二）迎玉皇

《帝京景物略》卷二：十二月"二十五日，五更焚香纸，接玉皇，曰玉皇下查人间也。竟此日，无妇妪詈声"。这是迎玉皇时的重要禁忌。《景宵琅书》："十二月二十五日，玉皇三清巡视诸天，定来年祸福。"三清，就是元始天尊、灵宝天尊、太上老君。还有日巡神、月巡神、灶神、城隍等，都陪伴玉皇视察人间善恶。

玉皇是中国民间信仰中的最高之神。民谚说："天上有玉皇，地上有皇帝。"不过，中国最初是信仰上帝。而上帝是与天使混杂的，所以称昊天上帝，后来把天帝人格化。玉皇是较晚出的，首见于南朝梁陶弘景《真灵位业图》："玉皇道君，玉清右位第十九；高上玉帝。"可见玉皇只是玉清境元始天尊的下属。宋代进一步尊崇道教，把民间信仰的玉皇列为国家祭典，宋徽宗把玉皇与昊天上帝合为一体，尊号为"昊天玉皇上帝"。道教也尽力提高玉皇的地位。民间认为玉皇是天上最大的神，总管三界十方，是鬼神世界的皇帝。

民间祭祀玉皇有两个日期：一是正月初九，为玉皇圣诞；二是腊月二十五。因此要在腊月二十五日迎玉皇，还要做"口数粥"。《东京梦华录》卷六：

玉皇上帝　神马画　北京

"二十五日，士庶家煮赤豆粥祀神，名曰'人口粥'。有猫狗者亦与焉，不知出于何典。"说明这种粥是祭神的，但人吃了也有祛疫之效。因以人口计数煮粥，所以叫口数粥。红豆粥由来已久，北魏贾思勰《齐民要术·杂阴阳书》："正月七日，七月七日，男吞赤小豆七颗，女吞十四枚，竟年无病，令疫不相染。"《荆楚岁时记》："共工氏有不才子，以冬至日死，为疫鬼，畏赤小豆，故冬至作粥，以禳之。"由此看出，赤小豆粥具有驱疫作用，本来是正月七日、七月七日、冬至节的饮食，后来也为道教移至腊月二十三祭灶和二十五"接玉皇"节日中来了。

（三）扫除

从腊八起，人们就开始扫除，直到腊月二十三日前后才能扫除完毕。扫除又称扫房、打尘埃。《清嘉录》卷十二："腊将残，择宪书宜扫舍宇日，去庭户尘秽。或有在二十三日、二十四日及二十七日者，俗呼'打尘埃'。蔡云《吴歈》云：'茅舍春回事事欢，屋尘收拾号除残。太平甲子非容易，新历颁来仔细看。'"浙江绍兴称此举为"还年福"、"作各福"。做好年货准备后，在庭院摆八仙桌，放上各种供品，用红纸蒙上。男主持向院外叩头，放鞭炮，烧元宝，敞开供品，先供祖先，后祭其他神。南京的辞岁、宁波的二十九节、舟山的谢年，都是扫除后过的小年节。

为什么要在腊月扫除呢？民间信仰认为鬼神到了腊月有归天的，也有入地的。一旦他们离开人间，人们就要从身

莲年有余 年画 天津杨柳青 冯庆矩作

上到屋里，翻箱倒柜彻底扫除，否则神鬼在人世，人们有许多禁忌，会触犯鬼神，这是腊月扫除的原因。同时除夕来临也要把家境收拾一新，而入腊月，人们都处于农闲期间，为扫除提供了有利条件。扫除的范围包括庭院、门窗、室内，还要把春联、剪纸取下来，贴上新的窗花，如"龙凤呈祥"、"麒麟送子"、"年年有余"、"松柏长春"、"五福捧寿"，以及各种年画和吉祥图案。在浙江湖州祭灶后，不吃荤，专吃豆腐渣。据说灶王上天向玉皇述天下事，玉皇不信，还派人复查，吃豆腐渣就是表示清苦，祈求玉皇保佑百姓五谷丰登，丰衣足食。

（四）贴门神

　　除夕前，人们就要贴门神了。门神起源较早，最初以门本上为门神，汉代以后出现了人格化的门神。先为

鞭锏门神：尉迟恭　天津杨柳青　　　鞭锏门神：秦叔宝　天津杨柳青

过年贴门神

因此门神又是守户之神。

春联也是由辟邪物演变而来的。民间信仰，鬼怕桃木，所以古代以桃木为二板，挂于门上。后来在桃板上画神荼、郁垒。五代时，蜀国君主孟昶在除夕令学士辛寅逊在桃符板上写字，但孟昶看不上，自己书曰："年年纳余庆，嘉节号长春。"从而产生了中国第一副春联。到了明代，春联开始在民间普

勇士成庆，后来画荆轲为门神。南北朝时期的门神为神荼、郁垒，唐代又出现了两位大将——秦叔宝和尉迟敬德。二人本为唐朝宫殿的守卫官员，唐太宗感觉二人太辛苦了，令画师绘了二人像，挂于门旁，后来演变为门神。这是两个传说人物，后来为民间所流传。五代开始又以钟馗为门神。宋代以后门神依旧，但出现了装饰性门神。除门神外，在仓上还贴神农田祖，客厅、卧室贴福禄寿三星，或者万神图、三宝佛等等。贴门神的目的是辟邪，通过门神驱邪，

挂笺　染色剪纸　河北蔚县　周玉作

镇宅神鹰　年画　山东潍坊

及，内容是多方面的吉祥语，如"天增岁月人增寿，春满乾坤福满门"，"福如东海长流水，寿比南山不老松"，"爆竹一声除旧岁，桃符万户迎新年"。横批有"抬头见喜"、"万象更新"、"人寿年丰"等等。贴春联也有一定禁忌，即丧家不满三年者不贴红纸，而是贴青色对联（死者为男性），或黄色对联（死者为女性），内容为哀感之词。

除贴门神外，还盛行贴窗花、年画，挂千。年画内容多为历史、山水、八仙、人物画、镇宅神鹰、人头虎、富贵有余、岁岁平安等吉祥图案。剪纸有鹤鹿同春、喜娃娃等等。

（五）打鬼

除夕要驱疫。驱疫最好的办法是敬神驱疫。如浙江多挂祖先像，上供品，每种供品都有一定的吉祥意义，祭祖后才能吃团圆饭。

疾病对人类是一种严重威胁，危及人们的生存，因此驱疫在节日中极为流行。其中除夕驱疫占有重要地位。《东京梦华录》："至除日，禁中呈大傩仪，并用皇城亲事官、诸班直戴假面，绣画色衣，执金枪龙旗。教坊使孟景初身品魁伟，贯全副金镀铜甲装将军，用镇殿将军二人，亦介胄，装门神。教坊南河炭丑恶魁肥，装判官。又装钟馗、小妹、土地、灶神之类，共千余人。自禁中驱祟，出南薰门外转龙湾，谓之'埋祟'而罢。"《岁时广记·岁时杂记》："除日作面具，或作鬼神，或作儿女形，或施于门楣，驱傩者以蔽其面，或小儿以为戏。"

在江苏南部有一种"跨圈子"，即门前点火，全家人从火上跳过去，边跳边唱："火旺、火旺，发达兴旺。"《燕京岁时记》："除夕自户庭以至大门，凡行走之处，遍以芝麻秸秆撒之，谓之

钟馗　年画　天津杨柳青

'踩岁'。"这种撒芝麻秸秆，乃象征火，通过火烧掉人身上的不洁，是一种驱疫巫术。

传说春节期间诸神要回天上述职，此时各种鬼怪就会纷纷出动，行妖作恶，残害百姓。因此，春节时就有一系列驱鬼、辟邪活动，还有不少禁忌。

驱鬼之神是钟馗。钟馗为古代神话传说人物。传说唐明皇在梦中见一大鬼捉小鬼，大鬼就是钟馗。他生前应武举

未中，死后托梦，决心灭天下妖怪。唐明皇醒后，命画家吴道子画钟馗像，于是传播开来。所以在除夕或春节家家挂钟馗像，以镇诸鬼。民间还有钟馗嫁妹传说，有的地方打鬼驱邪要进行到月底。

春节还有不少辟邪装饰画，如门神就有多种，其中以文武门神为主。《易卦通验》："正旦五更，整衣冠，于庭中爆竹，点画鸡子或镂五色土于户上，压不祥也。"至今在春节期间还有贴老虎画、凤凰画，或者剪若干纸鸡贴在门、窗、墙上。上述剪纸，一般都是各种公鸡报晓形象。民间认为鸡有报晓、辟邪作用，也可招财，正如民谚说："户户贴鸡，人人添官。"春节也要挂桃符。后来在挂桃符的基础上，发展为贴春联。民间也喜欢贴牧牛图，象征天下太平。

春节有许多禁忌，例如妇女不出门拜年，曰"忌门"；初一妇女不可回娘家；小孩子不准哭闹；老少不可说不吉利的话；左邻右舍不能吵架；不许打破工具、家具；不能请医生；从初一到初四不能动针线、剪刀；不能扫地；元旦不能吃稀粥，等等。